[哈佛智慧·点亮一生]

走进百年名校哈佛，品味成功者的故事，开启社交礼仪之门

哈佛
社交礼仪课

源自百年名校的礼仪知识 精英养成必读

刘丽娜◎著

HARVARD

| 畅销4版 |

中国法制出版社
CHINA LEGAL PUBLISHING HOUSE

前　言

社交世界里的礼仪有多重要，你知道吗？

如今，社会竞争日趋激烈，想要表现出更强的竞争力，除了要拥有出色的专业能力外，你还需要拥有良好的专业形象与卓越的社交礼仪。

礼仪在全世界范围内都是一个重要的话题，中国更是讲究以礼立身。礼仪是良好修养、个人魅力的重要展示，也是个人形象的行为表现。对于职业人士来说，学习社交礼仪，不仅能够塑造出专业的形象，更能令他人对自己产生有节、规范、严谨与专业的良好印象，从而形成个人独特的竞争优势。

既然社交礼仪如此重要，我们要向谁学习？哈佛大学无疑是最好的选择。

这所培养出8位美国总统、几十位商业领袖、无数卓越管理者的大学，是学习礼仪的最佳选择。

富兰克林·罗斯福、约翰·肯尼迪、乔治·明诺特、爱德华·珀西尔、比尔·盖茨、路易斯·郭士纳……在这些以“绅士”“成功人士”作为修饰的名字后面，你可以找到一个共同的特征：他们向世界展示了哈佛成功的专业教育，也展示了哈佛杰出的礼仪教育。

哈佛大学前校长C.W.埃利奥特认为，每一个进入哈佛的学生都是成熟的人，都应以礼仪来修饰自我形象。因此，在哈佛大学的每一个学院里，都有与礼仪相关的讨论课程。但是因为世人往往将注意力集中于哈佛更突出、更明显的学术优势上，哈佛礼仪多年都处于被忽视的状态。

如今，我们推出了这本《哈佛社交礼仪课》。这本书立足于国人社交生活的特色环境，从哈佛礼仪课程与礼仪教育中汲取精华，将个人在职场、办公室、商务交际过程中有可能出现的各类礼仪问题展示出来。书中不仅有丰富的方法供你参考，还给出了相应的哈佛学子礼仪经验。

本书摒弃社交礼仪类图书限制繁多、枯燥死板、不便记忆、难以实践的写法，采用距离实践最近的那些实例进行写作。书中以哈佛礼仪规范为写作基础，并以此延伸到不同的场合，力求使人在学习理论的同时，能够在阅读的过程中，从他人不当或者恰当的行为中，体会到礼仪实践的窍门。

哈佛礼仪博大精深，我们只能从中引申部分内容，从社交生活中的首次见面礼仪、形象礼仪、沟通礼仪、谈判礼仪等方面，进行尽可能有趣又实用的写作。虽然篇幅有限，但用心阅读，你便可以在商务实践中，使他人认识到你有修养、闪光自信的一面。

必须谨记的是：学习礼仪不仅仅是为了塑造自身的专业形象、提升竞争力，更是为了使自己拥有真正的德行，进而在社交活动中缔造出双赢局面。因此，从今天起，通过阅读，培养自己的礼仪意识，在细节的改变中，踏上个人魅力的塑造之旅吧！

终有一天，你所学习到的哈佛社交礼仪会为你赢得无尽的好感、欣赏的目光，更能成为你事业成功、人际和谐的巨大助力！

目录 CONTENTS

Lesson 1 把握首次机会，给对方留下良好印象

Lesson 2 塑造专业形象，用外表给自己加分

Lesson 5 展示得体行为，为自己的举止增添魅力

Lesson 6 运用情绪力量，永远展示最美好的一面

Lesson 7

合理使用高科技，让礼仪跟随设备一起更新

LESSON 1

把握首次机会，给对方留下良好印象

心理学的“首因效应”指出，人与人第一次交往过程中留下的印象将会在对方的头脑中占据主导地位。因此，哈佛商务礼仪中极为重视首次见面的礼仪。在首次见面时，给对方留下深刻又美好的印象，不仅能够体现出个人良好的修养，而且对日后的合作、相处有极大的帮助。

把握距离，给自己与他人留出充分的空间

琳达与安吉拉首次见面以后，双方互有好感，虽然分属不同的部门，但在公司聚会上，两人却有不少共同话题。这让琳达非常兴奋——自从正式进入公司以后，自己还没有机会认识一个亲密的工作伙伴，可能安吉拉就是那个最佳人选吧！

于是，在整个聚会上，琳达都试图将自己与安吉拉的距离拉近，她甚至有种想要去拉对方手的冲动——这难道不是女孩之间表示亲密的最好方法吗？

可是，她却发现，自己的热情并没有得到同等的回应，安吉拉在发现她的企图后立即远离了她——接下来的两个小时，她再也没有机会与安吉拉走近。

琳达的错误就在于，她未能把握好彼此之间的距离。在商务交往中，特别是首次见面时，“社交距离”是一个非常重要的概念。

曾任教于哈佛商学院的跨文化学者爱德华·T. 霍尔曾经提出过“距离说”：在一个指定的空间，动物之间的关系存在着一个距离模式。这种模式从动物各自的势力范围就可以看出：在动物世界里，每一种动物几乎都有自己的势力范围，入侵往往会导致争端。

霍尔将这种距离模式进一步引申到了人与人之间的距离上：当我们进行交际时，交际双方所在的空间与所处位置之间的距离都有其各自的意义，它不仅告诉我们交际双方之间的心理状态与具体关系，也表现出不同的社交需要。

霍尔指出，不管是在何种社交中，我们所有的人都需要在自己的周围建立起一个可以把握的空间，这一空间的大小会因为不同的文化背景、行业、环境与性格差异而表现出不同。

后来又有哈佛学子针对这一“距离理论”做过这样的实验：当阅览室里只有一位读者时，伺机走过来的实验者故意坐在那个唯一的读者旁边——就这样，实验者连续寻找多达 80 次的机会，坐在 80 个不同的人身边。

结果发现，在这 80 个人里，没有一个人能够忍受在一个空旷到只有两位读者的阅览室里，一个陌生人紧挨着自己坐下来。当实验者紧挨他们时，很多人选择重新寻找一个离实验者很远的位置坐下来，甚至还有人直接质问：“你想干什么？”

很显然，实验者的亲密举动让他人感觉很不舒服。用心理学的原理解释就是，每个人都有自我保护的意识，实验者紧紧地贴着他们坐的举动入侵了他们的安全距离与个人空间，而这种个人空间被侵犯使他们感觉到不安全与不舒服——于是，他们选择了逃避（直接离开、另选位置）或者攻击（明确的质问）。

普通的社交场合中，距离很重要。在商务场合中，恰当地使用距离更加重要——商务交往中，你所代表的不仅仅是个人，更是组织的形象。这种形象的好坏将直接决定对方如何看待你所在的部门与公司。一旦你采用令人感觉不适的空间距离，就很有可能使他人感觉到威胁，进而将你与你所在的部门甚至整个公司定位为“破坏者”。而哈佛心理学家在 2010 年研究证实：在当下的场合中，若第一印象被定位为“威胁者”，对方采取退让以避免伤害的概率将会高达 35%；为了捍卫个人“领地”而抗争的概率将会由 0.4% 上升到 3.9%——在极其强调第一印象与竞争意义的现代商务场合中，该心理效应往往会进一步凸显。

由此可见，人际交往的过程中，距离的不适度在很大程度上会引起对方做出逃避（离开）或是进攻（质问）的应激反应。显然，距离不当对人际交往是不利的。

按照这一“距离说”，我们可以将距离分为“空间距离”与“心理距离”两种。

1. 空间距离

在正式的社交礼仪中，霍尔将距离模式分为四种不同的情况。

(1) 亲密距离：0.5 米左右

指从自己的身体到对方身体半米左右的距离，使用这一距离多为关系密切的人，通常它被用来表达两者之间的爱恋或者安慰。

不过，在两个不相熟或者初次见面的陌生人间，最好不要使用这种距离模式——即便你是出于好意而热情地靠近对方，也会令对方感觉到被敌视。而且，更重要的是，在商务场合采取这样的距离往往会被认为是失礼与低级趣味的表现。

(2) 私人距离：0.5 ~ 1.5 米

如果你试着比一下的话便会发现，半米到一米半的距离恰恰是一臂之遥。朋友、相熟的同事之间往往采用这一距离。这一距离对于讨论个人问题非常适合。

(3) 社交距离：1.5 ~ 5.5 米

这一距离往往被用于处理各种非个人事务、非正式的社交场合中，如进行一般的办公、社交活动或者处理事情时。

不过，这一距离往往需要三人或者以上的圈子才有使用的必要。特别是在商务场合中，单独的两个人在人群中采用亲密或者私人的距离往往被视为无礼，因为这意味着你们在故意地疏远其他人。

(4) 公共距离：5.5 米以上

这一距离往往是在公共场合听演讲、大人物出现时的距离，在这种空间中，双方只有加大动作或者大声地说话才能够引起他人的注意。因此，它更适合于极为生硬的交谈以及各类非正式场合。

2. 心理距离

美学家布洛提出了“心理距离”一说。在这一理论中，他认为，只有当审美主体与审美对象之间有恰当的“心理距离”存在，彼此所认为的美感才会最强烈。

这种心理距离在运用到人际交往中时，往往会被加入情感因素。我们对某个人、某种事物的心理距离有着极强的主观性：你与家人距离再远，但想象中，他们还是离你很近；对于陌生人，即使他们就站在面前，我们也会认为，与他们在心理上还是有疏远的感觉，而当空间距离很近的时候，则会有压迫感。

所以，在商务交往中，我们势必要把握这种心理距离。就算我们与对方交流的欲望再强烈，也必须保持恰当的心理距离。

(1) 慎用从斜后方或正面靠近男性

在哈佛研究中证实，男性的私人领域为椭圆状，而其个人大约处于椭圆中心偏右的位置上。这一椭圆状领域前方距离最长，大约有 1.5 米，左右各有 1 米，后方则为 0.8 米。

因为后方距离更短，所以他的斜后方往往非常薄弱：如果是亲人、爱人从这一方位靠近他，会带给他惊喜；如果是陌生人，便很容易令他受到惊吓。另外，正面的直逼又往往带给人进攻的感觉。所以，在初次见面时，你从左右靠近更能减少对方的不愉快与戒备感。

(2) 女性之间，最好保持 0.7 米的距离

女性的领域被描述成半径为 0.6 ~ 0.7 米的圆形，在这一距离基础上，男性在这一空间距离与其交往一般能够成功，但是女性之间的商务交流往往体现在半径 0.7 米以外——同性相斥往往在女性中表现得更加明显。

所以，如果你是一位女性，而你想要在首次见面时给另外一位女性留下好印象，让自己距离她 0.7 ~ 1 米吧！这样，她会觉得更安全，也会更愿意接受你。

怎样做好自我介绍

在一次业内交流会议上，保尔遇到了自己的偶像：那位在 IT 界内白手起家的英雄式人物，他曾经在“金融海啸”到来时，凭借着独特的经营法则与独特的个人魅力，使自己的公司非但没有被“海啸”波及，反而成为国内最优秀的 IT 企业。

但是，在那位大佬周围，想要与之攀谈的人何止自己？如何才能开一个好头，向他明确地介绍自己？老套的介绍方式是否管用？这让保尔犹豫不已。

其实，保尔的担心是完全不必要的：在商务场合中，遇到不相识的，或者自己渴望与之认识的人时，就应该主动与他认识，以备下一步进行商务联络时所需。并且，因循守旧并非一无是处，规则性地介绍自己至少可以让你规避那种因为过于突兀的介绍而招来的非议。

当准备要与他人认识时，先摆好自己的面部表情，让自己保持真诚

的微笑，自然、大方、态度诚恳地面对对方，并注意运用以下介绍方式，你便已经成功了一半。

1. 正式介绍时必须注意的点

(1) 正式场合的必要交往

如果你因为公务、工作等需要与人打交道的话，在自我介绍时，便应包括姓名、所属公司和具体职务（没有职务时，可以用具体的工作内容代替）。如“我叫高菲菲，是 ×× 公司的副总”“我叫应明明，在 ×× 杂志社从事出版工作”。

(2) 无交流愿望时的介绍方法

若你并没有与对方深入交往的愿望，自我介绍只是为了使对方知晓自己的身份，在这种情况下，你只需要介绍自己的姓名，如“你好，我是张三”“我是李四”。

(3) 希望对方记住自己

如果期望对方首次见面便记住你，以便下一步进行深入的交往与沟通，在自我介绍时，除了自己的姓名、职务与所属单位以外，还可以提及一些与对方熟人的关系，或者与对方相同的兴趣与爱好，等等。

比如，“我叫赵杨，是 ×× 公司的部门经理，我与您的夫人是同学”“我是刘星，是 ×× 公司的副经理，我与您一样，都是皇马的球迷”。

2. 其他场合的自我介绍

商务交往过程中，如果你需要进行报告、展开讲座，或者在庆典、仪式等正式场合向多位出席者介绍自己，还应加入一些恰当的敬语与谦辞，如“各位来宾，大家好，我叫刘东，是 ×× 公司的宣传部经理，今天，向大家讲述一些在工作中获得的心得，有不恰当的地方，请给予指正”。

3. 自我介绍时，这样做更好

在进行自我介绍的时候，你应力求做到以下几点。

* 用语简洁、清晰、充满自信。

* 保持亲切、随和与自然的态度。

* 语速不可过快，更不能太慢，目光正视对方。

在社交场合或者进行正式的工作联系时,你还需要把握恰当的时间。

* 当对方表现出对你没有兴趣、没有认识的欲望时，你只需简单介绍自己的名字即可。

* 对方有心情不佳的表现时，切记不要随意地凑上去进行自我介绍——心情往往会影响个人对人、事、物的认知，最好的办法是在对方心情愉快时再介绍自己。

* 若你发现公司股东正在餐厅用餐，而你恰恰期望通过认识他来改变自己的人生轨迹，此时上去搭话对你没有任何好处：当对方正在休息、用餐或者忙于处理其他事务时，轻易地打扰对方、介绍自己，只会让对方感觉到私人领域被侵犯。

4. 被介绍错时，及时纠正

有时候，你需要通过他人的介绍来认识一个人，如果介绍人在介绍时将你的名字、职务说错了，你应立即纠正这一错误——万不可因为害怕伤害他人的面子而不愿意纠正。只要你在纠正的过程中不冒犯到双方，这样的纠正其实是非常有必要的。比如，你可以说：“实际上，是 ××，很高兴认识您。”

5. 遭遇“没有人介绍你”的尴尬时

有时候，你很可能会因为位卑言轻而不被介绍，或者，真的是同事、上司因为需要兼顾多个人而忘记介绍你，这种情况下，你往往会成为同事们眼中“被遗忘的可怜人”。其实，完全不必难堪，通过恰当的手段，你不仅能够缓解被介绍者遗忘的尴尬，还有可能在双方眼中建立起更完美的形象。

如果双方正在谈话、寒暄时，在话语出现停顿的地方，你可以恰当地靠近介绍人。此时，如果你足够重要，他会想起来自己还没有介绍你与对方认识，这种情况下往往会获得更好的介绍效果。

当来访者注意到你并发现自己还不认识你的时候，你应精准地把握这一时机，适时地向对方介绍自己：“您好，我是 × ×。”然后，再根据情况判断是否要加一些寒暄词。

如果你在参与一个集体性质的活动时迟到而错过互相介绍的时间段，不要企图再次向所有人介绍自己——只有当你足够重要时，大家才会中断这一活动，将注意力集中在你身上。

这种情况下，最好的方法是有针对性地出击：只向那些你感兴趣的人进行恰当的自我介绍。

称呼对方，万不可张冠李戴

远处走过来的是领导吗？我不记得他姓什么了，要不，叫一声老师吧……可是，这里又不是学校，叫老师会不会不好？而且这样打招呼会不会尴尬？他又不会记得我……

初入职场时，可丽尔经常会苦恼于这样的问题，有时候，一天还会纠结好几次。

可丽尔是一个内向的姑娘，在国外读大学回来后，进入一家与自己专业对口的公司。这是一家研究公司，高等研究员、工程师比比皆是。在工作中，大家都秉承严谨作风，因此“不苟言笑”便成了公司员工的共同标签。

来到公司大半个月，除了参与相应的职位培训，可丽尔还没见过几位领导。平日里见得少，再加上管理者又多，所以可丽尔一直没有搞清楚几位领导的名字与职务。

这天，可丽尔刚刚走出办公室来到走廊上，便认出了迎面而来的是公司的高层管理者之一。抬头时，正好与对方四目相对，可丽尔突然变得紧张起来，竟然忘记了对方的尊称，脱口而出：“老师好！”

对方惊讶地看了可丽尔一眼，可丽尔也惊呆了：对方可绝对不是什么普通的“老师”，但是叫他什么呢？正犹豫间，那位管理者已经与她擦肩而过了。

事后，她向公司同事打听，才知道对方是公司的一位副总，也是一位高级工程师。这件事让可丽尔心里很惶恐：“他会不会因此对我印象变差？”

正确的称呼是一张通往交际大门的通行证，也是沟通人际关系的首座桥梁。所以，你的称谓语使用是否得当对于商务交际有着直接的影响。

现代称呼名目纷繁复杂，一个得体而适宜的称呼往往能够对人际交往产生微妙的作用。一声充满感情而又得体的称呼，不仅能够体现出待人礼貌的真挚情感，还会令他人感到亲切、愉快，这对下一步的情感交流、深层交际都有着极为重要的意义。

1. 职场新人，称呼职位或“老师”

可丽尔所面对的是商务交往中的一种特别情况：一位刚刚走入职场的新人，在面对比自己年龄大、级别高但又不熟悉的同事或领导时，往往会因为不知如何称呼对方而困扰。事实上，如果你知道对方的行政职位，当然可以直接称呼，但使用“老师”也并无不妥当之处：对方听到这样的称呼，只会意识到，眼前新鲜的你还处于对公司的适应期，而不会过分责怪你没有完全准确地称呼自己。

(1) 牢记：不可过于随便地称呼对方

有些新入职的同事会听到老员工们在一起交流时使用昵称。中国职场内，这种如“老王”“小赵”一类的称呼使用频繁。但是，新员工要特别注意：这种称呼一般只适合于特定的人之间——很多亲切的称呼是由你与被称呼人之间的亲疏程度决定的。所以，万不可照搬沿用。

(2) 主动介绍自己，以暗示对方交换彼此相关信息

新入职时，很多人不认识你，在此时，有一个可以让同事们快速记住你的小技巧：每一次交流后，主动地将自己的部门、职务、姓名告诉对方：“我是设计部门的设计员可丽尔，您可以叫我小可。”这样的自我介绍，不仅能够留给对方好印象，还可以让对方意识到，他也应该告诉你相关的信息——下一次你们再进行交流时，你便能够知道他到底叫什么了。

2. 正式社交：提前调查、恰当称呼

在如酒会、公司宴会一类的社交场合中，我们的称呼又会出现变化。

(1) 把握不准男性的称呼时，统称“先生”

“先生”两个字是最普通、最常见的称呼，它甚至可以通用到称呼一切高级职位的男性。在以下场合中，你完全可以使用“先生”来称呼对方。

* 你在社交场合与人初见，不知道他的具体职务是什么时；

* 当你感觉没必要称呼对方的职务时；

* 当你在急切之中，不知道怎样称呼才算恰当时。

(2) 称呼女性，要更加慎重

在参与正式的社交时，称呼往往会变得非常敏感：有些在社会上活动的女性，虽然已婚，但是她们往往期望表现出独立的一面，并因此愿意别人称她为“某女士”。在拜访对方之前，最好调查清楚，以避免误事。

若是有人在旁边引荐，你应按介绍人使用的称呼，万不可自作聪明，对女性的称呼擅自进行更改。

(3) 先打听，再交流

如果你不知道一个人是谁、应该怎样称呼，可以先向周围的熟人打听：“那位穿深灰色西装的老者是谁？”在了解对方的情况后，再去打招呼，往往会使失误发生的概率大大下降。

3. 过于随便的称呼是行不通的

眼下，国内有一种趋势：将叫不上名字的女孩统称为“美女”，将叫不上名字的男孩统称为“帅哥”。但事实上，这样随意的称呼不仅不适合于商务场合，还会使人产生“他不尊重我”的想法，进而认为你是个轻浮的人。

直呼别人的名字，看上去好像是一件小事，但其实每个人对自己的名字都具备高度的敏感性。所以，不管是叫错名字、写错名字，还是根本就叫不上名字，都是对他人极大的不尊重。

(1) 记下对方的名字与特征

每一次社交过程中，你最好将那些有可能发生二次交际的重要人物的名字记下来，并在回家后对他们的特征进行总结。记不清楚的时候，不妨问问与自己同去或者认识对方的同事，这样的事后巩固不仅对你的人脉拓展有积极帮助，而且能够让他人意识到，你真的很重视对方。

(2) 听不清楚对方的名字时，再问一次

在首次见面时，若你没有听清对方的名字，随意地忽略过去，便很容易导致下一次交往时出现尴尬。

正确的做法是，如果你没有听清楚，可以请对方再说一次——千万别感觉这样很不好意思，相反，这恰恰是你对他人重视的表现，你可以说："对不起，我没有听清楚，请问您的名字是？"

对方根本不会生气，甚至还有可能感觉非常受用：一个陌生人如此重视他的名字，这让他感觉受到了尊重。

(3) 拿不准对方的名字发音时，再问一次

国人名字中有些会出现如"传""乐"一类的多音字，在这种情况下，与其事后道歉，倒不如当下询问。

可否教我如何正确地读您的名字？

我已经知道您的名字了，它应该如何发音呢？

询问清楚对方名字的正确发音，可以明确地表达你的礼貌、尊重与关心。

4. 叫错了名字，并非不可弥补

如果你在社交过程中叫错了别人的名字，你要意识到：这样的尴尬行为其实并非蓄意的冒犯。但是，因为他人往往会对此产生反感，就如同你当众冒犯了他们一样（事实上，你也的确冒犯了别人），这种情况下，你必须学会恰当地抚慰他们。贴切的完美措辞，将会让你获得较好的道歉效果。

抱歉，我总是记不住人名，但是，我对我们之前的谈话内容记忆犹新。

对不起，您使我想起了……

是的，当然。抱歉，我的记忆力真的下降了。

如果在社交场合中，有人主动过来与你说话，你却不认识对方，此时，千万不要莽撞地问：“你叫什么？”这样显得非常唐突。最恰当的方法是婉转地问道：“不好意思，不知该怎样称呼您？”这也是建立新社交关系的良好开端。

此外，在称呼他人时，虽然礼貌与尊重非常重要，但是我们也需要注意态度适度，太极端则成谄媚。

不让名片流入垃圾桶的妙招

哈佛商学院的威尔逊在大学毕业后成了一家贸易公司的经理助理，丰富的学识与出色的能力使他成为公司新员工中的佼佼者。

威尔逊非常看重名片礼仪。当他在哈佛求学时，曾经非常羡慕自己那位德高望重的教授与他人互换名片时彬彬有礼的风度。威尔逊上班以后，公司也为他印制了一盒名片。

每天早上出门前，威尔逊都会仔细地检查一下自己的名片夹是否有足够数量、干净且完整的名片。在工作中，他也非常善于利用名片来推销自己——这让他在就职一年后便拥有了多达 50 人的固定客户群，而且这一数量还在持续增长。以往，一位新助理想要建立起自己的客户群，通常需要三年左右。

威尔逊自己虽然并没有过失礼的举动，但是他亲眼看到过因为名片而惹祸上身的年轻人：一位新进公司的员工在公司业务交流会上，使用收到的名片折飞机——在他看来，这是打发无聊时光的好方法。当时，经理只是走过去暗示了这位员工的行为是错误的。但事情远远没有终结：在交流会结束以后，这位员工便被辞退了，原因是他的举动使整个公司丢脸。

如果你和威尔逊一样有能力、有才华，你也应重视名片这个小东西：商务化的社会人际互动中，名片占据了极为重要的位置，它不仅是个人形象的延伸，在互递名片的过程中，个人所展示出来的举动也会体现出个人素养与礼仪。如果一不留神失了礼，个人贻笑大方也就算了，可能还会因此使公司形象受损、失去商机。

哈佛商学院的教授哈尔·佐治亚曾经这样警告过自己那些马上就要正式走入工作岗位的学生：“不要小看了你的名片，它是你的形象、你的公司，它小小的身体上很可能承载了你的未来！”而这样的警告对于每一个商务人士来说都是弥足珍贵的。哈尔教授所给出的一些有关名片的建议对于我们来说更应在工作中借鉴。

1. 好好地设计你的名片

名片是一个个性化的存在，也是公司的形象，有些公司会统一设计名片格式，有些公司则鼓励员工自己设计名片。

(1) 让名片传达出专业

如果你所在的公司是后者，你的名片首先应该正式，如果有可能的话，它应该体现出你的职业特性：若你是一位设计师，那么你的名片应更艺术；若你是一位律师，你应有一个既干净简约又能体现出你的专长领域的名片。总之，你的名片应传达出个人超群的专业性。

(2) 头衔不要过多

或许你在公司里既是设计组组长，又是部门经理和高级工程师……

不管你的头衔有多少，你都应将它们控制在两个以内。“术业有专攻”，将自己最重要或者最能体现专长的头衔写上就够了。将所有的头衔都写上，反而会让人觉得你是一个过分虚荣的人。

哈尔教授建议，如果你有需要，可以设计不同的名片：在面对设计人员时，发放“设计组组长”的名片；在与管理者交流时，便交换“部门经理”的名片。面对不同的交流对象，发放不同的名片，可以使你的不同身份得到强调。

（3）不要随意涂改名片

有些商务人员显得格外“节约”，他们在电话号码换掉时，会依然选择使用原来的名片——将干净名片上的旧电话号码涂掉，换上新的电话号码。在国内，这种情况更是常见。但事实上，这实在是一件失礼的事情，你能容许自己的脸被人涂抹一道吗？

所以，不管是你的职位变了，还是电话号码换了，只要名片上的信息有所更新，就应立即弃用，更换新的名片。这种更换不仅是对客户的尊重，也是对你自己的尊重。

（4）不要提供私人电话

在正式的商务场合中，是很忌讳将个人隐私展示在他人面前的。那些真正有身份、有教养的人从来不会向他人索取私人电话号码。所以，你在设计名片时，也应只写自己的办公室电话、办公手机号——这样更有利于培养你的商务意识，同时能够让你在他人面前建立起商务形象。

当你做到上述内容，在每天出门以前，便应该和威尔逊一样，带够干净、没有损毁、足够数量的名片，整齐地放入名片夹的一侧或口袋中。你的口袋应易于名片掏出，要注意不要将自己的名片与其他杂物混在一起，否则，在用的时候过于手忙脚乱也很难看。

2. 让名片物尽其用

如果你期望名片在社交过程中得到充分利用，需要从以下几个方面改善自己的行为：

(1) 找准时间发放名片

发放名片的时机非常重要。

* 出席重要的会议时，最好在会前或会后交换名片；

* 在一群彼此不认识的人当中，又无人引荐时，最好让别人先发名片；

* 刚见面或者告别时是最好的发放名片时间，不过，如果你在中间需要发表意见，可以在说话前将名片发给别人，以帮助他们认识你；

* 不要在一群陌生人中随意发放名片，这会让人轻视你，有选择地发放名片才会提升你的专业形象；

* 对于陌生人或巧遇者，不要在谈话时过早发名片，这会让人感觉你在推销自己，同时会打扰到别人——万一别人并不想与你交换名片呢？当对方流露出对你的兴趣，或者谈话进行几分钟后，你感觉对方可以深入发展合作关系的话，再互相交换名片。

(2) 递送名片

在与人交换名片时，一般应按“先低后高、先客后主”的原则。

* 与多人交换名片时，按职位高低或者由近及远的原则，依次交换名片，切勿以跳跃的方式进行，否则会给人留下厚此薄彼的印象；

* 交换名片时，拜访者要先递送名片给受访者，晚辈与下属要先送名片给长辈与管理者，职位低者先送给职位高者，男性先送给女性；

* 递送名片时，要专注而诚恳地看着对方的眼睛，双手递上，同时进行自我介绍：“我是威尔逊，日后请多关照”；

* 与外宾交换名片时，应先观察对方是使用单手还是双手递名片，再进行模仿，因为日本人喜欢用右手递送自己的名片，左手接受对方的名片，欧美人、印度人、阿拉伯人则习惯用一只手与人交换名片；

* 名片应正面朝上，并让对方可以顺着看内容。

3. 接受名片

在接受他人名片时，应先起身或者欠身，收到名片以后，要再花上 3 ~ 5 秒的时间仔细地看一下，并收集上面的关键性信息。此时，你应尽可能多地利用名片上的信息打开对方的心门。

* 看名片时，如果有不懂的地方，立即请教对方。

* 可说一些恭维的话或者贴近名片上内容的话题："原来您就是 ×× 先生，久仰大名！"或者"你们的公司是不是位于某某附近？"

* 借用名片找话题很重要，不过，那种类似"现在购买你们的产品有没有折扣"一类的话，最好不要贸然说出口，除非对方是专门来找你推销东西的，或者你确定对方能够开得起玩笑。而且，在正式场合中，这种问话是非常不礼貌的。

最好当着对方的面，郑重其事地将他的名片放入自己携带的名片夹中，不过要注意与自己的名片区别开来。

如果一次与许多人交换名片，又都是初次交往的话，那么最好按一定顺序交换，同时记好对方的姓名与特征，以免搞错。

当你通过名片完成了一定的社交目的以后，回到家或公司应立即在对应的名片上写下那些对你、对公司有重要意义的人的特征。这样做可以让你在下次与对方见面时更有针对性地接待或对话，这种用心一定会让对方很惊喜。

聪明者让别人记住自己，高明者让别人喜欢自己

经人介绍，摩根认识了一位名叫塞尔曼的电信专业人士。在双方交流的过程中，摩根自然而然地谈起了对方的职业：“听说您曾经在电信行业中工作，在您看来，这一行业的前景如何？”

塞尔曼回答道：“我始终认为电信行业在未来会有更大的发展，想象一下，如果你所在的公司想要组建一个战略联盟的话，你应该怎么做才能使你与自己的合作伙伴都可以更快、更好地交流呢？”

接下来的一个多小时里，摩根几乎只是在回应塞尔曼的话语。可是，在双方的谈话结束后，塞尔曼主动要求与摩根联络：“如果您的公司有任何需要我帮忙的地方，乐于效劳。”

现在你是一名专业的商务人士了，你知道自己必须不断地向外建立人脉，扩充自我圈子。你有更多的机会参与研讨会、训练课程甚至是专业的商务交往。面对如此多的个人形象宣传渠道，你要如何形成自己的商务影响力？

哈佛职业经理人培训课程上有这样一句话被反复地传授给哈佛学子们：“聪明者让别人记住自己，高明者让别人喜欢自己。”一个真正出色的商务人士，永远会利用多种技巧，成功地展示自己与他人有别的个人魅力。摩根的出色之处就在于，他通过恰当的倾听与话题引导，使一位专业的人士变成了他的商务圈子中的一员。

想要形成这样的和谐关系，往往需要长时间的培养，在商务场合中第一次与某人开口交谈，你需要更慎重地处理好第一步——只有处

理好这一步，你才有机会进一步扩展自己的人脉；而处理得不好，则很容易引发尴尬。

1. 与陌生人展开交谈

在商务场合中采用以下两个方法往往更容易展开话题。

(1) 借着介绍人的话题进行交谈

如果你们之间有人介绍的话，在介绍时，对方很有可能会将双方最骄傲、最出色的地方作为介绍点——把握这些介绍点，并恰当地询问对方，往往能够获得对方的好感。摩根所采用的，就是这种交谈方式。

(2) 以话试探

为了打破沉默的局面，你可以首先开口讲话，自言自语是一个不错的选择。如随口说一句："今天的天气不错。"对方听到这样的话以后，很有可能会主动将话接过去。

你也可以选择以动作为自己开场，如为对方随手做一些事情。鉴于国内各地区的口音不同，如果你能够从判断口音开始，与对方展开交流，那么话题将会就此展开，比如："你是北京人吗？"

2. 规避个人隐私问题

以下内容是初次见面不应谈及的。

(1) 薪酬问题

在正式场合中，与他人谈及薪水是一件非常不礼貌的事情，而初次相识便张口问别人薪金更是失礼。

(2) 个人生活问题

有些人会以"你结婚了吗""孩子多大了"一类的话题作为开场白，

如今社会风俗正在发生改变，在你面前坐着的半百女性很可能还未结婚，而彬彬有礼的男性也极有可能是一位同性恋者，更不要提许多的单亲家庭了。

在商务场合中，个人情感生活通常被视为极端的隐私，一旦涉及此类话题，将直接导致交谈失败。

3. 如何面对私人问题

在商务场合中，你很有可能会遇到初出茅庐的年轻人，而此类年轻人最大的特点就是，往往会提出过度私人化的问题。

如果你在办公室被问及衣服的价格，除非你非常想要与之深入交往，否则没有任何义务为对方提供相关的信息。面对这种情况，你只需要回答："我已经忘记了。"

有关于钱的询问在商务场合中往往是非常不合适的，原本应置之不理，但是出于日后很可能有再次交流的需求，你不应说："这与你无关。"而是应更委婉地表达自己的不满："如果你不介意的话，我不想谈这个话题，关于钱的问题，总是让人不太能提起兴趣……"然后，主动地提及另一个话题。

另一个过度私人化的问题是："你是干什么的？"若你不想要回答对方，可以用"我的工作很普通"一笔带过，并顺嘴提出另一个话题。

如果你期望了解对方的职业，最好在对方指明相关的知识领域以后再询问对方的工作，或是在谈话中加入与工作相关的特别话题，然后问："您在这一领域中工作吗？"

4. 回避不当的交谈

优秀的交谈者从来不会没完没了地将谈话持续下去，如果你发现自己参与的一段谈话变成一味地吹捧时，礼貌地加入自己的评论，同时努力去转换话题是最好的选择。如果刚认识的人开始对你讲一些耸人听闻的故事，而你又对它没有兴趣，最好的办法就是找个理由离开那里。

有些商务人士习惯使用一些成语来表示自己的博学，或者在说中文的时候，加入一些英文单词来表示自己的意见——除非当下的氛围浓厚，周围的人都这样做，否则还是正经说一些大家都能听得懂、都惯用的语言吧！

如果有其他人说了夹杂着明显是外来词、新词一类的话语，只要它不影响到整体的谈话，就尽量忽视它，除非你对它非常感兴趣。

当有人在你的面前发表一些带有诋毁、污辱性的言语时，你应找个理由让自己走开。或者你可以说："现在说这个话题有些太严肃了。"然后开始另一个话题。需要格外注意的是，如果你对这种诋毁听之任之，人们会以为你与他是同样的人，不然为什么你要坐在那里听他讲这些负面的评价？

不要以为在商务场合中发言越多的人越受欢迎，当你发现对方谈论的话题是你所不擅长、不感兴趣的内容时，最好不要张嘴——真正聪明的人从不会不懂装懂，更不会说得太多。

大部分无意义的谈话都是因为没有让言语经过大脑，即没有认真考虑便说出来。在与陌生人交流时，判断自己是否应该闭嘴的最好方法是再细心地想一下自己的话和观察对方的反应，你自然就能明了自己的话题是否真的受欢迎。

Tips：联想小方法，让你牢记别人的名字

我们已经知道记住他人名字的重要性，但在“记忆力”这件事情上，并非人人都是天才。因此，如何更准、更快地记住对方的名字，便成为你正式踏入商务世界需要锻炼的重要能力。

如果你真的期望自己能够成就一番作为，首先应该拥有想要提高的愿望，并坚持以下几个方法，完善自己的“记名”技巧。

1. 让自己的记忆力得到锻炼

记忆力往往是在不断的重复中得到加强的。通常情况下，只要我们经常做一件事情，在达到一定的程度以后，它便会发展为我们的自然反应。所以，在社交过程中，如果别人向你提到自己的名字，你应尝试着立即重复对方的名字：“很高兴认识你，伊妮。”

在接下来的交谈中，你也可以多称呼几次对方的名字：“你和我们的经理是怎么认识的，伊妮？”这种以对方的名字结束对话的方式，也往往能够形成积极的印象。

2. 将对方的名字进行联想

这种联想能力可以分为以下三种。

如果你刚好认识一个叫凯奇的男性，那么将他与著名影星尼古拉斯·凯奇进行联想是最好的方法。前提是，联想物应该是你所熟悉、喜爱的。在联想的过程中，联想得越不寻常、越离奇，你记住对方名字的概率就会越大。

将人名与其职业进行积极的想象，若你认识的会计师名叫“丝特拉”，你可以想象她坐在电脑前整理数据的样子。

如果对方的名字恰恰与你生活中比较熟悉的人有相似的地方，你往往会更容易记住他的名字。比如，你儿时的伙伴叫“帕拉”，你若在宴会上遇到一位名叫“帕塔”的人，那么你在记忆时会更容易。

3. 别认为自己非常尴尬

如果你在锻炼以后，依然出现忘记对方名字的事情，不要感觉尴尬，即使它发生在对方刚刚告诉你名字 5 分钟以后——此时，你只需要说：“真尴尬啊，能再告诉我一次您的名字吗？”

不要期望一次记忆太多的名字，参与一次商务活动，只要让自己能够记住 2 ～ 4 个重要的人名即可。慢慢地，以每天或者每一次活动为周期，不断地增强自己记忆名字的能力。当你能够做到对见过一次面的人立即叫上名字时，他人会感到备受重视，而你在对方心目中也将留下更完美的个人形象。

LESSON 2

塑造专业形象，用外表给自己加分

哈佛心理学证实：人与人之间的影响力、信任度来自语言、语调与形象，但这三者所占比例不同：语言只占7%，语调占38%，视觉形象占55%。可见，形象是征服人心的利器。哈佛商务礼仪中，时刻要求个人“塑造专业形象”。如果愿意学习，你也可以做到这一点。

将你的服装当成职业投资

在凯瑟琳看来,女性职业人若是在日常的工作中穿着过于“女性化”,将会令自己的职业前景大受负面影响，所以，在她的衣柜中，极少见到有关蕾丝、暴露以及打着铆钉的服装。

事实上，在凯瑟琳大部分的职业生活中，她都恪守着职业女性循规蹈矩的穿衣规则：裁剪有型的套装、衬衫加套裙、低调的鞋子、简单大气的皮包。即使是在公司允许进行休闲打扮的周五“随意穿日”里，她也极少穿得出格——这种严谨的穿衣风格与她的职业特征息息相关，凯瑟琳是一家对外贸易公司的法律顾问。

身为公司人事部经理的沃尔曾经针对公司的文化氛围对部门人员进行过明确的着装要求：在任何情况下，男生都应该穿着正式的套装出现在公司，而女性则不应穿着过于暴露，同样应该体现出职业性。

在商务场合中，如果你的衣着整洁、有魅力，那么人们便会自然而然地想知道你到底是一个怎样的人。事实上，在一定程度上，我们的穿着往往能够透露出我们的职业与未来走向。哈佛大学教授科南特认为，着装恰当与否往往能够决定我们在商务场合中的说服力是否足够强：“当我们能够穿得足够正式、职业化时，就相当于在使用我们的潜台词告诉他人：我们想要被他人尊重，而且希望被认真地对待。”

你的外表远比你想象的重要，有时候，它甚至比语言更具有说服力。下面是一些注重外表时需注意的规则及它们能够带来的好处。

1. 若你在乎自己的职业，请把它表现在服装上

不管你是要与人洽谈工作，还是要参与谈判，如果穿着得体，便意味着你能够更好地融入这个社会。但是，如果你的形象不太适合，那么别人与你深入交流的欲望会大大减少。

很多商务界管理者认为，如果一次面谈、一份工作对于某个人来说非常重要，他会通过自己的衣着打扮来表现出他的期望。如果你的衣着随意，或者表现出不得体的地方，那就说明，你既不尊重自己，也不在乎自己所代表的公司的形象。

相反地，如果你表现出得体的职业形象，便说明你对于自己的工作是有准备的，是能够深入交流、托付重任的。所以，你在去一家公司洽谈，甚至是参加酒会时，一定要了解相关的衣着规则。

2. 让你的服装胜在质量

你可能认为，服装的价格并不重要，但事实上，在正式的商务场合，人们往往能够轻易地看出你在服饰上到底花了多少钱。

商务场合里，有很多人经常会花上千元甚至更多的钱在自己的服装、饰品上，因为他们相信，昂贵的服饰是成功的象征。很显然，这样的人在商务场合中更容易被信任、被器重。雇用与提拔这类人，是因为他们本身看起来就像富有与成功的人，他们成功地将外表与能力联系在一起。

在哈佛教授特拉尔的脸书（Facebook，国外知名社交网站）中记录道，他曾经以为自己买到的廉价套装是一种实惠，但现在他发现质量好的衣物往往更省金钱与时间：“我现在只会购买高质量的鞋子，它们看起来永远都穿不坏，而那些便宜的服装与鞋子往往很快就穿坏了。”

所以，更明智地做出你的选择吧！确保你所选择的款式更加经典、更加舒适，做工精致、材质良好的衣物永远是首选。总是在廉价的服装之间变换，远不如几件经典的服装更能够建立起良好印象。

女性也不应总是仅仅关注流行与否，慢慢地为自己选择那些物有所值的、服务最好的品牌吧！尽可能在提供专业改衣的商店中购买服装，必要时你可以尝试改衣——这一服务可以让你的服装更贴合你的身形。

3. 通过细节来强化自己的外表

一个人的外在形象可以通过衣着来建立，但是对小细节的忽视往往会使辛苦建立起来的整体形象被毁掉。

你不需要通过穿着最入时的服装来建立自己的形象，但是你必须要注意一些基本的细节。

* 保持衣服是干净的、熨烫过的，没有褶皱与任何污渍；

* 如果做不到让自己的鞋子一尘不染，那么至少让它保持干净状态；

* 精心梳理你的头发，保持清爽大方；

* 保持你的指甲是干净的，女性可以选择涂一些与口红相搭配的颜色，但不要太过于亮丽；

* 不要往身上喷洒太多、太浓的香水，有淡淡的、若隐若现的香味即可。

4. 女性应明确六忌讳

扮演商务人员的角色时，以下六个忌讳是女性最应该铭记的。

* 过于杂乱：身上配件、饰品过多，不按正式场合的规范化要求或

者潜在的规则着装；

* 过于鲜艳：穿着过于繁杂的服装，或者选择的服装颜色过分耀眼；

* 过于暴露：在正式的商务场合中，最基本的不露有三——不暴露胸部、不暴露肩部、不暴露大腿；

* 过于透视：着装过于透视往往意味着轻浮，也意味着对他人的不尊重；

* 过于短小：超短裙、短裤、露脐装等服装在非常正式的场合中都是不被允许的；

* 过于紧身：服装可以修身，但万不可过于紧身，特别是女性，使自身曲线毕露的服装最好不要穿到正式场合中。

我们承认这样的事实：成功的着装并不能让一个蠢材进入董事会。但是，我们更需要注意到这样的事实：不得体的着装可能葬送一个聪明人的前程。所以，将你的服装当成投资吧，明智的选择将会加速你的成功进程。

符合 TPO 的装扮

从哈佛大学毕业以后，丹尼尔自创了一家律师事务所。凭借着家族的人脉力量以及长期的个人努力，他成功地将事务所发展成纽约知名的事务所之一。

当丹尼尔发现自己公司的规模逐渐地扩大后，他规定了“非精英莫入”的聘任原则。他向朋友介绍说，很多时候，他是让自己的人事部经理根据第一印象来判断此人未来是否能够代表公司形象的。

有时候，丹尼尔也会亲自参与人才甄选。在面试过程中，他会首先将以下四种人剔除：那些面试时穿着过分随意者、行为太随意者、握手时没有直立者、不修边幅者。

“我们是一家专业的法律服务公司，所以我期望我的员工能够展示出‘我们是最专业的’。如果一个人穿着不适宜，就表示此人缺乏必要的判断力。对于一个日后将不断独自面对客户的律师来说，还有比这更糟糕的吗？”丹尼尔认为，这样的轻率显然不会给公司带来积极的作用。

千万不要以为丹尼尔只是个例，调查证实，出色的外表的确能够帮助你更快速地成功。很多公司在第一次面试以后，便回绝申请者的首要原因就是：申请人个人形象过于糟糕。这也从侧面说明一个事实：或许你拥有出色的能力，但是如果你不懂得修饰自己，便很有可能在没有展示才华前便被剔除了。

因此，熟悉商务场合的着装规则是你成为专业商务人士的首要条件。

在选择服饰时，如果不能记住繁杂的要点，那么你只需要借助于TPO原则，便能够大概地判定自己要穿什么。

TPO原则指时间（Time）、地点（Place）和场合（Occasion）三者兼顾。

1.Time——时间原则

时间原则包括三个意思：一天中的时间变化、一年里的四季转换、时代间的不同差异。

（1）一天中的着装变化

* 日间着装

日间往往是工作时间，在这一时间段内，着装应该根据自己的工作性质来判断。总体上，应该以大方、庄重为原则。

如果在白天有社交活动或者相关的公关活动，则应以典雅、端庄为基本的着装原则。

* 晚间着装

晚间，商务人员很可能会参与社交活动，如听音乐、看演出、宴请等，由于心理作用，加上空间的相对缩小，会使人更多地将注意力放在衣着上，人们往往会对晚间活动时穿着的服饰投以更多的重视与关注。因此，你应该更谨慎、更讲究地对待自己的着装，在礼仪表现上，也要让自己尽量更加优秀。

晚间，着装应该以晚礼服为主，以大方、典雅的形象示人。很多西方国家有潜在的规定：在观看歌剧一类的演出时，男士应着深色晚礼服，女性则应穿着典雅的裙装，否则不准入场。

这一规定旨在强调公共社交场合中的礼仪与文明。同时，它对于营造出尊重他人的良好社会氛围有着积极的作用。

(2) 考虑季节的变化

在着装时，应充分考虑到季节的变化。夏天，应尽量穿着凉爽、轻软的服装；冬日则应穿着保暖但不臃肿、大方又自然的服装。有些女性习惯混搭，将夏天的服装在冬天作为搭配来穿，但在商务场合中，这样的搭配最好不要出现。

(3) 考虑时代性

着装时，应考虑时代性。

* 顺应时代的发展

服装应该充分地考虑到时代发展的主流与节奏，不可太过于超前，也不可过于滞后——你很可能是一位旗袍爱好者，但如果要参加一个现代的正式公关活动，最好还是放弃古朴的旗袍。

* 考虑与他人之间的时代认知差异

若参加活动的大多是与你年龄相差较大的人，你应该考虑一下，对方的着装习惯是什么——中老年人偏向于沉稳的着装，年轻人更喜欢有活力的服装。选对了服装,你与他们之间的交流阻碍便会大大减少。

2.Place——地点原则

该原则是指，服饰穿戴都应该考虑到你将要出现的空间与环境。根据这一原则要求，你应对自己即将到达的正式场景有明确的了解与估计——你将要到达的地方，是正式的办公室还是施工现场，是高级宾馆还是公园?

在了解地点以后，应该再细心地选择自己应该穿什么、搭配哪些配饰。选择时，你应尽量做到在质地、花色、款式等方面与自己要到达的地方相协调。比如，去工地考察工程进度的话，最好换上一身干练的衣服——男性应穿着轻便的鞋子，女性则应放弃高跟鞋与紧身的服装，当然，裙装也不应在选择范围内。

3.Occasion——场合原则

要出席什么样的场合，是一个正式的庆典还是一次商务人员之间的轻松茶话会？衣着搭配时，应尽量顾及活动场合的规格与气氛。

在严肃而庄重的仪式、庆典里，要让自己穿得更加正规，这将是表现专业形象的最佳机会。如果公司准备让你参加一场严肃的谈判会，而你却穿了一双旅游鞋——可以想象，公司管理者肯定会认为你是在漠视公司的利益，进而对你产生反感。

相反，如果要去参加合作伙伴举行的烧烤会，或者大家聚在一起，要去打一场保龄球，而你却西装革履，大家一定会认为你俗不可耐、迂腐不堪，你在活动中受到冷落的概率便会极大。参与此类活动时，一些便于活动、舒适的便装、运动装才是你最佳的选择。

千万不要小看了 TPO 原则，当你能够按这一原则选择恰当的饰品与服装时，你将会在公众眼中树立起可信、可靠而又可敬的形象。当然，也只有当你按照 TPO 原则搞好自己的外表形象工程，并使各个方面、多个环节形成协调、统一的状态，你才能够利用自己已经达到的整体美为自己创造出最佳的社交形象。

利用颜色，完成不呆板的形象变化

打开爱丽丝的衣柜，永远只能看到三种颜色：黑色、白色、灰色。爱丽丝期望在工作场合里给自己树立起专业的形象，而在她看来，这三种颜色是最能够体现成熟感的。

不过，一次与客户会面时的对话让她开始认为自己应该改变一下形象了。

那是一位与爱丽丝所在公司合作许久的老客户，因为交流的次数多了，大家的对话也不再仅仅局限于工作。对方坦白地说："爱丽丝，为什么你不能换一下颜色呢？不管什么季节，每次我见到你时，你穿的都是暗色系的衣服，好像有些太显古板了。"

爱丽丝细想一下，的确是这样，自从跨入职场以来，自己的衣服颜色便日渐单调了。

如果你已经厌倦职场中一成不变的穿衣规则，而想大胆地运用颜色的变化来改变自我形象，那么你首先要学会了解与运用色彩。从视觉效果上来说，个人形象上的改变往往能够通过着装的颜色变化体现出来，这是因为视觉是所有知觉中最领先、最敏感的。一身色彩和谐、美观的服装往往能够更准确、更恰当地将你的职业形象表达出来。

哈佛色彩研究中心证实，色彩在商业社会中具有低成本、高附加值的特点。他们的调查数据表明：在设计商品的过程中，在不增加成本的基础上，通过对颜色的改变，可以使产品的附加值在原有基础上增加10% ~ 25%。

将这一“附加值理论”运用到商务场合中的专业形象塑造中同样合适。哈佛职业经理培训中心发现，那些成功运用色彩搭配的职业人士往往能够唤醒人们丰富的感情与想象力。他们身上佩戴、穿着的色彩会使客户更乐于想象他们背后的真实情感，从而在留给客户强烈的视觉印象以外，最终引发他人的情感共鸣，形成多变、积极的职业形象。

1. 学会运用色彩，搭配不同的效果

现代服装中极少由单一色彩构成，而是由许多的色彩相互交错、辅助外加点缀等方式搭配而成。这些搭配过的色彩在经过服装设计人员调整后，会比单色显示出更多的个人魅力。

虽然在个人商务生活中，我们无法像专业人员那样进行搭配，但最起码，我们可以按以下四种不同的色彩搭配方法来实现自己的搭配：

(1) 主辅搭配法

这种方法是只选择一种色彩为整体或者整套着装的基调、主调，适当地辅以其他颜色进行搭配。

在运用该方法时，一定要充分地考虑以下几点：

* 考虑到主辅关系，不要喧宾夺主；

* 考虑到主辅色调之间是否能够形成鲜明但又不太刺眼的效果；

* 辅助色彩的位置安排应该考虑到自己肤色、体形的各种特点，以做到扬长避短、画龙点睛。

(2) 同色搭配法

将同一种颜色按深浅不同的方式进行搭配，以形成整体和谐、统一的审美效果。比如，浅灰色的上衣与深灰色的裙子、裤子相搭配，便属于同色搭配法。

同色搭配法应该注意以下原则：

* 同色之间的过渡要自然、平稳，不可太生硬。比如，上身穿了橘黄色的上衣，下身在选择黄色时，便应选择与橘黄色相差不太远的黄色进行搭配，否则会给人断裂、整体不平衡的感觉。

* 如果感觉差异较大，可以选择一种亮度在两种之间的色彩进行传递、过渡。

(3) 相似色搭配法

该方法所利用的是色谱上相邻近的颜色进行搭配。比如，橙色配黄色、蓝色配绿色、白色配灰色等。

相似色搭配往往能够使服装显示出活泼与动感的一面，但是相对来说，搭配的难度也会更大。因此，在搭配时，应考虑到自己的职业需要与他人的审美需求。

(4) 强烈色搭配法

这种方法是将两种相距较远的颜色进行搭配。比如，黑色与白色、红色与绿色都属于强烈色搭配的典型。

在日常生活中，最保险的强烈色搭配是黑、白、灰与其他颜色的搭配，这三种颜色是无色系，不管哪种颜色与它们搭配，都不会出现太大的问题。

不管采用的是哪一种搭配方法，你都需要掌握一条基本的原则让整体变得和谐：对比度过于强烈的色彩搭配虽然可以帮助你吸引更多的注意力，但是它们在商务场合中往往会招来非议。

换言之，如果你对色彩搭配没有太大把握，不如以黑、白、灰这三种颜色为主调，然后变化自己的着装。比如，穿一身黑色裙装，但中间使用一条红色的腰带往往能够取得较好的视觉效果——红色与黑色之间的搭配被视为隆重且最有韵味的搭配之一。

2. 着装配色应考虑“三三原则”与安全配色

在商务领域中，着装配色往往以“三三原则”为基础。

(1)“三三原则”

“三三原则”更多适用于男士，但其中的搭配原则对于女性来说也有借鉴意义。

* 三色原则：在商务场合，全身的色彩不应多于三种；

*“三一定律”：鞋子、腰带、公文包三个地方所运用的颜色应该一致。

(2) 更安全地配色

在着装配色上，更和谐的方法主要有以下几种：

* 上下装同色，套装便是此类的典型，在这种时候，想要出彩，便需要以饰物进行点缀。

* 年龄因素在运用色彩搭配时也应考虑进去，年轻人着上深下浅的服装，往往会显得飘逸、活泼而富有青春气息。中老年人则更适合上浅下深的搭配，更能给人以沉着、稳重的感觉。

3. 对照你的肤色，选对你的服色

服装的色彩往往能够影响甚至改变人的肤色在他人眼中的观感——这是哈佛心理学研究所通过研究证实的。因此，在服装配色时，你也需

要考虑到自己的肤色，并以此为基底，选择恰当的色彩。

(1) 白皙皮肤者

拥有此类皮肤的职场人士真是幸运儿——大部分的颜色都可以使白皙的肤色更加动人。

在众多色彩中，黄色、蓝色是最能突出白皙皮肤的。如果你想要让自己的整体变得更明亮，也可以尝试一下柠檬黄、苹果绿、天空蓝一类的明艳色彩。

当然，白皙皮肤也有其禁忌色——黑色、纯白的颜色往往会让你的肤色显得更苍白，最好避免整体使用此类颜色。

(2) 皮肤色调较深者

如果你的皮肤偏黑、偏黄，最好不要选择蓝色，它会让你的脸色显得更暗。皮肤偏黑的人更适合茶褐色系、浅色调的服装，枣红色、咖啡色、金黄色等颜色，都会使你看起来更加自然、高雅。

4. 考虑你的工作场合

如果你的工作是坐在办公室里，那么你应更多地考虑低纯度的色彩。在室内有限的空间内，人们总是期望能够获得更多的私人空间，穿着低纯度的色彩，往往能够增加人与人之间的距离，使拥挤感大大减少。

利用颜色完成个人形象上的变化，往往只能帮助你明确最基本的原则，你需要进一步在生活中不断地通过尝试，找到自己的穿着风格。在这一问题上，很多人最大的缺点在于，无法放弃自己的思维定式与色彩选择行为定式，认为某种颜色是最适合自己的。其实，实际效果或许并非如此。

如果你认为自己无法驾驭色彩的变化，但又想尝试一下新的风格，最恰当的办法是找一些高端品牌，试穿你想要的颜色——那里的形象顾问能给你提供最佳的搭配建议。当然，你的朋友也可以提供建议，前提是他拥有丰富而成功的搭配经验。

不过，在拿不准到底要怎么搭配的情况下，你应谨记：宁愿穿着保守一点，也不要穿得太随便！

如何选择你的商务便装

高米兰的公司刚刚失去一笔大订单——来自日本的客户选择了他们的竞争对手。这让身为公司该项目负责人的高米兰失望透顶，整个医疗机械项目花费了他长达半年的时间，他与团队成员仅资料就看了几千份，公司的机械设备也丝毫没有输于竞争对手的地方，到底是什么问题让对方放弃了与他们合作？

高米兰私下将日本客户约了出来，并恳请对方将原因告诉自己。而对方的答案却让高米兰吃惊不已：“你们公司的商务便装太过于随便了。”

对方告诉高米兰，虽然来到美国以后，他已经对美国人的随性与所谓的商务便装接受了很多，但这并不意味着他能够接受合作伙伴的职员装扮变成百货市场里的大杂烩——男性的大圆领T恤，粗糙的户外运动鞋；女性过于紧身或是过于随性的装束。

这位客户说道：“我们是医疗行业，我相信每一个细节都有魔鬼出现，一个连商务便装与便装都无法区分的公司，我们真的接受不了。”

菲拉格慕曾经的首席设计师认为：“我们习惯在办公室里让自己变得更加休闲一些，但事实上，这样的想法根本就是不符合实际的。”高米兰团队的失败便证实了他的话：服装上的失礼完全可以毁掉你辛苦建立起来的可信度。

哈佛经理礼仪中曾经明确地指出：衣服是你的责任，同时也是你的意识体现。如今，我们已经不再要求所有人都穿西装、打领带上班了，很多公司都认为，员工有充分的着装自由——但是，这并不意味着，你能够将家里的拖鞋穿到办公室去，特别是你的工作需要与客户面对面时。

1. 注意：无关大小，关乎态度

你很可能会认为，这种在便装上的苛刻只存在于大企业，而你所在的企业是中小企业，所以不需要让自己过分地表现出专业性。虽然中小企业未必能够在规模、管理理念上与大企业看齐，但是员工的着装往往能够反映出企业的水平、层次，以及他们对待客户时的具体态度。

衣着本身就能表现、反映一个人待人接物时的严谨与克己态度，更何况，在公司里，更多讲究的是专业。毕竟，公司不是街头的零售店。穿着得体、展现出专业的身份，就是你的工作之一，更是你的责任之一。

换句话说，让你的便装体现出商务性，是对工作、对客户的尊重——任何借口都有渎职之嫌！

2. 参考公司的着装指南

你们公司或许对商务便装有自己的规定，在这种情况下，你只需要在公司的要求下融入自己的穿衣风格。如果你害怕过于正经的着装会给自己与同事的交往带来障碍，让他人认为你是“假正经”，那么你只需要做到一点即可：将自己的职业装外套换得休闲一点。

如果你的公司偏休闲风，而你的工作岗位又要求你必须着装正式一些，那么你只需要将纯色的衬衫换成带有朴素花色的衬衫即可。对于女性来说，则更加简单，你只需要将过分保守的罩衫换成针织外套即可——不紧身的针织衫真的是一件百搭利器！

3. 遵循商务便装的基本法则

不管你身处哪个公司，都应该明白：所有的商务便装都有其基本法则，实际的情况应该以个人条件、场合、职位等内容进行综合考虑。或许你并没有明确的判断能力，不过幸好我们还有基本法则可以借鉴。

(1) 男士商务便装基本法则

男士的商务便装往往讲究在细节上做到突出个人风格。

* 穿整套正规的西装就成了正装打扮，最简单的方法是将正规的外套换成休闲式；

* 不需要打正规的领带；

* 可以穿条纹或者格子的衬衫，但如果你的身形偏矮胖，不要选择横条纹，简约素雅的牛津布衬衫是不错的选择；

* 不一定要穿白色或者蓝色的衬衫，其实，淡黄色、灰色、粉绿色甚至粉红色都是改变着装风格的上选；

* 穿衬衫打领带时，你可以选择一件修身、质地良好的外套，或者一件开胸的针织上衣；

* 不要单穿立领的衬衫，如果非要穿，应选择那些质料比较挺直的，搭配单件的西装外套可以减弱休闲气息；

* 选择西裤时，为自己选择挺直的布料，棉布材料很容易起皱，特别是当你的工作需要久坐时，最好不要选择。

男士需要格外注意的就是裤子。细节往往决定成败，所以在你出门以前，最好留意一下裤长是否合适。除非有意地卷起裤腿，裤子过短或者过长都会有损形象，而那种又松又皱的裤子最好立即从你的商务便装中剔除。

(2) 女士商务便装基本法则

女士的商务便装基本遵循着“让美丽恰到好处”的原则。

* 不需要选择整套的行政套裙，可以选择直筒、微喇叭宽脚裤；

* 连衣裙配夹克或者开胸的针织外套都是不错的选择；

* 可以考虑这样的搭配原则：棉质外套配衬衣、直筒裙或长裤配平底鞋；

* 不要穿紧贴大腿、使大腿曲线毕露的裤袜、七分裤、牛仔裤；

* 不要穿露手臂、露肩、低胸的上衣以及露大腿的短裤；

* 过于松垮、性感或者皱巴巴的衣服最好在不上班的时候穿。

此外，还有一个对于男士、女士都适用的原则：露趾拖鞋、球鞋不应进入商务便装的行列——商务便装不等于休闲便服，如果你不能确定哪种着装对自己来说更合适，你可以注意一下比你级别高、同部门的人是如何着装的。他们的穿着往往会给你最直接、最有用的启发——当然，前提是不能和你的上司撞衫。

给自己添加优秀的必备品

丝塔是哈佛拉德克利夫学院的一名毕业生，以前，这是哈佛专门针对女性开办的学院，时过境迁，如今的拉德克利夫学院已经不再是纯粹的女生天堂。不过，丝塔还是非常乐于称自己毕业于拉德克利夫学院，原因很简单：在这里，她学到了太多的东西。其中一项就是，如何运用饰品为自己增光添彩。

在哈佛，有很多与丝塔一样的女孩，她们渴望在专业领域获得更高的成就。但是，涉及商业场合中的礼仪规范时，她们往往会展现出心有余而力不足的一面。而哈佛专门针对商务礼仪建立起来的社团让她们受益匪浅。

在这里，丝塔学到了如何让饰品为自己的形象服务。在首次走向工作岗位、与公司重要成员一起参与某个商务谈判时，她深信，杰出的表现与恰当的装饰都为自己整体加分不少。

有时候，你会很容易忽略饰品的重要性，但是，“服饰”本身就是一个整体——服装与服装、服装与饰品、饰品与饰品三者之间在款式、材质甚至是色彩上的成功搭配，是整体服饰美化成功的基础。

不管男人还是女人，使用恰当的服饰配件都可以让个人魅力得到充分展示。在很多时候，人们往往会通过你所选用的服饰配件——你展示自己的方式会透露出你对细节的关注——来得知你眼下处于哪个社会阶层以及你的职业是什么。

有些女士会乐于使用珠宝来装饰自己，但是珠宝往往也是最容易被滥用的配件——不管是钻石还是金饰，饰品太多，只会让人感觉你非常俗气。为了避免这样的情况出现，你应该让自己更谨慎地对待饰品。

1. 运用饰品选择原则

在商务场合中，饰品的选择也有其原则。

(1) 场合原则

在赴宴或者参加舞会时，你可以根据自己的着装，选择一些较大的、较为华丽的饰品，饰品为个人形象服务是最基本的原则。

(2) 协调原则

你所佩戴的饰品应该与你的服饰相配，一般穿领口较低的露肩服饰必须佩戴项链，而立领上装则不应该再搭配项链。此外，饰品的颜色最好与衣服颜色相协调。

(3) 庄重原则

有些女孩习惯于佩戴一些夸张但实际上没有太大价值的工艺饰品，但事实上，在商务场合，如果你的职业并不要求你表现出这样的特质，最好还是选择一些精致的饰品，以显示出自己庄重、高雅的一面。

(4) 色彩搭配原则

佩戴饰品时，应该力求其与自己的整体装饰一致，千万别企图打扮得五彩斑斓——那样只会让你像一棵装饰粗糙的圣诞树。

(5) 远离廉价原则

在商务活动中，你应该遵循这样的基本原则——永远远离廉价的饰品。那种有脱色、掉钻现象的戒指、领带夹一类的饰品，你现在要统统把它们从自己的抽屉里拿出来丢掉。它们不仅不能给你带来他人赞赏的眼光，反而会让你陷入被人误解的窘境。

2. 慎重选择耳环与胸针

男士在商务场合应该远离耳环，这种个性化的饰品不太适合于正式的商务场合。女士则应该选择那种样式简洁、雅致的耳环。如果你所在的公司有制服，那么你最好不要选择带坠子的耳环。从事商务工作时，一枚恰当的胸针会为你增色不少，但它绝不应该太夺目，否则便有可能导致人们只注意到了胸针，却忽视了你的存在。

3. 利用起腰带

选择腰带时要注意，选择高质量的皮制腰带，那种配有浮夸造型的塑料腰带最好果断扔掉。如果你想使身材看上去更加修长，应该选择与衣服、裙子同色的腰带；若个子高但是腰围过窄的话，最好选择颜色与服装不同的宽腰带。

4. 手镯、脚链、戒指的佩戴

至于手镯、脚链一类的饰品，则应该视你所在公司的格调来决定。因为在某些工作场合里，佩戴此类饰品被认为是非常不恰当的举动。不过，关于戒指，我们倒是可以为你提供一条有用的信息——不管是男士还是女士，商务人士最多只戴一枚戒指。

5. 注意你的皮包、手袋

如果在参加会议、与客户会面时拎着一只磨损严重、皱巴巴的公文包，那么不管你穿得多么整洁，也只能带给人杂乱无章、匆忙无序的感觉。手提包与公文包绝不仅仅是用来装重要文件、手机与钱包的，它还装着你的成功、职业与个性。

所以，你应格外注意，一定要保持你的包内是整洁而有序的，塞满各种文件的公文包只会让人感觉你是一个杂乱无章而又邋遢的人。

在买手提包时，最好参照“经典、永恒”两个要素，这样的包才能使用多年而不过时。

6. 为自己选一支好笔

随身带一支笔，不仅方便你随时记下有用的信息，还能提升你的专业形象。但是，你所使用的笔，一定要恰当地向他人展示出你良好的职业形象。如果你身着职业装，那么就不要使用一支颜色过花、塑料材质的笔——想象你的手腕上戴了一块装饰有米老鼠或者机器猫的塑料腕表吧，这支笔也会让别人对你产生同样的印象。

有关笔的告诫还有一点，如果有可能，尽量不要选择钢笔——你不能保证自己时刻处于静止状态，跑跳时你的钢笔很可能会漏水，如果你的套装上出现了一块不断变大的墨水渍，那真的是一个悲剧。

如果你特意购买了一支看起来非常商务化的笔，就同样需要注意自己使用的公文包、手提包——它们是否足够讲究？是否看起来如同新的一样？如果你有这样的想法："我应该换一个新包了。"不要犹豫，立即放弃旧的，专门去购买一个新包吧。只要你在细节上足够细心，你的职业也会给予你积极的回报。

鞋子里有大学问

说到对高跟鞋的热爱，米娜有自己的理论。在她的鞋柜里，躺着各式各样、颜色各异、高高低低十几双高跟鞋。在她看来，虽然穿高跟鞋的确不如穿平底鞋舒服，但是它们却可以完美地将自己的气质衬托出来。而且米娜发现，在不穿高跟鞋的时候，自己的气场会弱很多。

造成米娜在职场只穿高跟鞋的原因还有一点：连续辗转几家大型企业后，她发现那些职位高的女性从来都是穿着高跟鞋出现的——这些女人在忍受鞋子带来的不适时，也享受着权力带来的快感。米娜就此形成了自己的高跟鞋观：高跟鞋不仅代表女性的自尊，更能增加成功的可能性。如果一个女人连高跟鞋带来的各种不适都无法忍受，只能说明她是一个没有毅力的懒女人，那么她对工作的热爱也会非常有限。

且不说米娜的个人理论是否成立，但综观职场我们的确会发现，那些位高权重的女性多半会选择高跟鞋搭配各式服装。在流行美剧《欲望都市》中也有这样的台词："站在高跟鞋上，我才能看到真正的自己，让脚不舒服的不是高跟鞋的高度，而是欲望。"

相比于男性鞋子的单一性，女性的鞋子永远会招来话题。虽然对于高跟鞋是否会让女性显得更有权力存在争议，但是英国央行以及数家顶级的英国律师事务所等机构对员工的形象进行调查后发现，女性的确应该对自己的鞋子进行更多投资，而那些穿着恰当高跟鞋的女性被顾客认为更有自信、更能够处理好自己托付的事。

从 2012 年 1 月开始，英国著名的富士德律师事务所建议，自己的女性雇员应该更多地穿着裤子与细跟高跟鞋，以展现出更多女性的特质，并练习自己的站姿。

但是，哈佛大学的健康专家在几年前便已经研究证实：过多地穿着高跟鞋会使健康受到损害。眼下，对于女性来说，如何更健康地穿着高跟鞋是她们首先需要处理的问题。

一双"好鞋子"不仅能够保护你的脚，让你走起路来舒服又好看，同时更应与你的职业、角色相称，帮你搭配出无懈可击的整体商务造型。

以下几大原则对女性"穿对高跟鞋"有着重要的启示意义，当然，其中也有一些规则对于商务界的男性同样有启示作用。

1. 以舒适度为优先原则

在长时间的工作中，你会发现自己非常需要一双舒服的鞋子相伴，只有当你的脚部不再受到不当的压迫、束缚时，自信才会自然而然地散发出来。所以，选购鞋子的最佳时间是下午——脚在下午会出现微微的膨胀，此时选的鞋穿起来才最舒服。

试穿时，请相信"第一脚"的感觉，舒适、无压迫感的鞋子会帮助你享受行走的快乐。

2. 选择单色的皮制鞋、包

商务场合中，鞋子的颜色最忌讳色彩斑斓。市场上此类鞋子对于商务场合来说过于花哨。鞋子应该尽量选择颜色单一或者中性色相间的，如黑色、咖啡色、土黄色、米色、灰色等颜色，这类鞋子往往能够与大多数服装相搭配，所以不妨在自己的鞋柜里多存放几双不同高度的此类鞋子。

仅就材质而言，皮面、皮底与皮内里的真皮皮鞋是职场的上上之选，真皮皮鞋不仅吸汗，而且曲张度良好，能够为脚部提供足够的呼吸空间，使人穿起来舒适、自在，更加有质感。相比于一般的革面、布面的材质，光滑的皮制鞋子是首选，而翻毛皮、磨砂皮一类的鞋子，则与商务氛围不契合，最好不要在商务场合穿。

3. 准备不同高度的鞋子

对于男性来说，鞋子的高度永远只有平底、内增高两种，但是对于女性来说，鞋子却被分为三种不同的高度。女性的鞋子，贵不在多，而在全面，哪怕一共只有三双鞋，你也必须表达出你是一个既懂得工作，又未丧失生活情趣的人。因此，职业女性在购买鞋子时，应关注“三跟法则”。

(1) 中跟鞋

俗称“空姐鞋”，此类鞋子是职场最佳选择，中跟鞋一般为船形、粗跟造型，鞋子的高度在 3 ～ 5 厘米之间。在商务场合，这是一种最规范化、最易于与职业装搭配的鞋子。鞋子的颜色应该是灰色、黑色、咖啡色、白色，因为它们跟任何颜色的衣服都能够搭配。如果你的工作需要经常站立、行走，此类高跟鞋能在减少伤害的基础上，满足你对美丽的渴望。

（2）高跟鞋

此类鞋子专为那些期望能够让自己的身材显得更高、更挺拔的女性所用，鞋跟偏细，高 5 ～ 9 厘米。不管你的身材高矮，只要穿上它，你便会不自觉地挺胸、收腹。

此类鞋子因为高度过高，在走路时往往会很累，而且容易对脚部造成伤害，所以如果你的工作只是片刻地需要“更高的高度”，那么不妨在自己的办公室中放一双合脚的平底鞋子——只在与客户见面、重要场合需要时再穿上高跟鞋。

（3）平底或坡跟鞋

此类鞋子省力，在日常休闲中，很多女性都喜欢这类鞋子。不过，这类鞋子往往适合于出差、旅行、周末以及工作以外的放松时刻，在商务场合过多地穿此类鞋子不仅不会让你的气势增强，甚至还有可能让你的女人味减弱。

很多职业女性都有这样的错误观点——鞋子的功能只是为了调节身高。因此，我们往往会在生活中看到，很多高个子的女性只穿平底鞋，矮个子的女性永远穿高跟鞋的极端例子。但是，任何极端的做法对女性来说都是有害的，让鞋子配合自己完成整体造型上的变化，才是最佳做法。

对于男士来说，鞋子的选择便显得有些单调。男士在正式场合中选择的皮鞋应该以正统、庄重的造型为主，最好没有任何图案与装饰。即便如此，一位男士也至少应有五双鞋：两双休闲皮鞋，三双正装皮鞋。两双休闲皮鞋用来搭配商务便装，三双正装皮鞋则可以用来搭配西装。

不过，在高度上，至少有一种鞋子是男女皆不可选的——厚底鞋永远不应出现在职业鞋柜里。

4. 让鞋子变成细节的体现

最基本的细节往往能够体现最可贵的修养，所以你应该在鞋子上投以更多的关心。

(1) 鞋内无味

皮鞋要勤换，最好有几双鞋可以轮流穿，这样既可以减少对鞋子的损伤，也可以使鞋内异味有时间散尽。

(2) 鞋袜相配

商务人士最好选择单色的袜子，以肉色、黑色、浅灰、深蓝色为宜。

男性的袜子应该尽量选择与鞋子相近的颜色，女性不可将九分裤、健美裤等裤装当成袜子来穿。袜口应该没入裙内，不可暴露于外部。此外，如果袜子上有洞，应及时弃用——你穿一身高档的套裙，丝袜上却有一个洞，这会非常煞风景，同时会让人对你形成不好的印象。最好的方法是，在每一次出门时都在包中备有一两双同样的丝袜，在发现有脱丝现象时尽快到洗手间更换。

(3) 及时维修、换新

如果鞋面、鞋跟已经出现磨损，请马上将其送到专业人士那里进行修补——千万别以为别人不会注意到你鞋子的缺陷，其实看不到鞋子污垢、磨损的人只有你自己，其他人可是看得一清二楚。

Tips：看清你的角色，穿对你的衣裳

在社会生活中，我们的角色往往是多方面、多层次的。在不同的场合中，我们扮演着不同的社会角色。根据自己所在的社会场合选择着装，

才能够被人所接受。在恰当的场合，选择得体的服装可以在一定程度上满足他人对自己社会角色的期待，进一步促进社会行动的成功。

1. 角色决定服装

在商务场合里，你应该遵循这样的穿衣原则——角色决定了你身上的衣服。如果你是一名会计师，那么在工作时间、工作场合中，你就要穿得看上去像个会计师；如果你是一名时尚设计师，那么你就要有时尚设计师的样子——按你的工作角色进行穿着的最大好处在于，不仅能够提升你的个人形象，还能够让人相信你是专业的。

特别是当你需要与别人做生意、谈判时，更要选择一套精致、合身、合乎角色的套装，这将最大限度地提升你的形象。有了这种穿着上的自信，你的聪明才智与天赋将更好地发挥出来。

2. 尊重着装代码

相信很多专业的商务人员都曾经听说“Dress Codes”，在西方文化里，它所指向的是一种穿着服装的标准。这一标准可以从两个方面进行理解。

出席不同场合时，我们应该依据不同的着装代码进行服装的选择；日常上班时，我们需要按照公司的文化进行着装。

如果你所在的公司有相应的着装规则，那么你应该严格地遵守这种规则；如果没有明文规定，你也应该尝试着在自己的穿着中加入公司认可的相应风格。

如果你要参与公司客户所举办的活动，应摸清楚对方公司在穿衣上是否有特定的风格，你不能穿着一身随意的休闲装去一家号召全员正式着装的公司谈业务。穿对服装，对方对你的信任度也将倍增。

3. 避免和你的上司、老板撞衫

明星出席活动时，最尴尬的情形就是与他人撞衫。穿着相同的衣服，非但不能让自己在红毯上独领风骚，而且难免会被毫不留情地细细对比。如果你与自己的老板撞衫，那么便很有可能陷入更大的尴尬——你穿得没老板好看，那你理所当然是在自取其辱；你穿得比老板好看，得罪了老板，你还有机会出头吗？

如果你是一个有心人，应该留意观察老板、上司的穿衣品位、习惯购买的牌子，这样的观察有助于你规避风险。若你工作繁忙，没有时间观察对方的话，最稳妥的办法是：在办公室中，尽量穿着简单、大方、款式一般的衣服——只要会搭配，这种衣服往往会使你显得突出，即使与别人偶然有雷同之处，也会让你陷入窘态的可能性大大降低。

此外，如果你是一名经理或者更高层的管理者，而且你的公司非常注重对商务氛围的营造，那么你最好清楚地为自己的下属定义出你期望他们穿着怎样的衣服——将公司的衣着规则与指导化的方针进一步落实成文字是非常重要的。大概的形象指导方针可以帮助你的员工在自己的穿着风格与公司的要求之间找到平衡点。

LESSON 3

把说话变成沟通，成为有趣的交流者

在哈佛商业课中，有专门针对交谈礼仪进行的培养。我们从很小的时候就学会说话了，但说正确的话、恰当地说话却并不是每个人都会的，哈佛商务礼仪中指出，我们更应该学习说话的技巧与礼仪，使别人愿意听我们谈论什么，使他们更愿意接受我们的意见，从而建立起良好的商务人际关系。

找准自己的谈话方式

丹尼最近变得越来越苦恼，因为如今公司的业务不断扩展，再加上他在文书方面的出色表现，他被提升成了部门经理。这一职位意味着他要与更多的人打交道。

与部门的老员工沟通当然不需要担心，大家已经相处几年的时间，大多数时候自己只需要按以往的方法向他们指出错误、引导他们将工作做得更好就可以了。但是如今，自己还要与新员工进行沟通，判断他们是否在文书工作上有值得赞赏或需要改进的地方——这对于丹尼来说，是一项艰巨的任务，他并非一个善于交谈的人，就算在家庭聚会时，他也总是会被善意地称为“寡言者”。

有时候，丹尼会尝试着让自己积极起来，可是那样反而让事情越来越糟糕，因为自己原本就不知道在社交场合要谈什么，所以到最后反而是那些具有敏锐观察力的新员工先发现了他的窘迫。

当丹尼有一次无意中听到茶水间里几个新员工正在因为他拙劣的谈话方式而开玩笑时，他顿时对自己的工作失去了信心。老实的他甚至想辞掉管理者的位置，重新成为一个普通的员工。

人们难以改变自己，这本身就是一件司空见惯的事情。哈佛心理学教授罗伯特·凯根与丽莎·拉海认为，我们之所以不愿意改变，并不是因为单纯意义上的懒惰或者不想离开早已习惯的生活方式，而是因为我们拥有与生俱来的矛盾性。

这种矛盾性决定了丹尼在期望改变自己以适应职位上的变化时，又期望自己能够回归以往的平静生活。如何成功地让自己在谈话过程中克服这种矛盾性？最好的方法就是，在立足于性格的基础上，让自己的谈话方式既不与个性违背，又可以与职业需要相契合。

1. 如果你是内向的人，不要企图让自己变得外向

这是让你的谈话变得自如的重要基本点。当一个内向的人试图变得外向时,他往往会因为失去内心的安宁而就此失去命运的眷顾。所以，如果你是一个同丹尼一样内向而不善言谈的人，那就不要想着先去讨好别人，你应着重于自己是否喜欢自己、你的言谈需要符合你的一贯性格。

这种一贯性并非在劝你不要大胆尝试，而是说在商务领域中，你轻易地做出改变往往会带来意想不到的尴尬，甚至还会让你的个人形象受损。想象一下吧，如果原本不善开玩笑的你，在客户到来时，单纯地为了活跃气氛而讲了一个不恰当的冷笑话的场景。

所以，放弃让自己表现得外向的想法吧！你最大的优势在于，将你的性格优势表现出来，如与内向相契合的沉稳。

另外，不要总刻意地去想自己要说些什么去活跃气氛。在每一次正式的谈话中，你只需要把握好自己的职位要求与主要谈话任务，诚恳、真实地向对方提出你想要了解的内容，之后你要做的就是倾听，并从中甄选出你所需要的信息。

事实上，与人谈话时，更多地倾听，往往会帮助你更成功地交流。

2. 如果你是一个外向的人，学会观察

外向的人通常被认为是不畏惧交谈的，事实也的确如此。我们往往

能够看到，那些外向者总是被贴上“话多”的标签。不过，那些真正能够得到认可的外向者在谈话时会仔细地进行观察，并以此为渠道给自己找一些能够聚拢人气的话题。

(1) 好的话题永远是自己观察出来的

比如，当你的客户是一位公司经理，但是他却肌肉发达、双手有老茧，那么他十有八九是个健身活动、户外活动的爱好者；如果你的交流对象是刚刚进入部门的小姑娘，而她的桌子上又摆满了动漫人偶，那么她绝对是一个“动漫迷”。

(2) 从热情的人开始谈话

你一脸热情地与对方交流，最后却碰了“软钉子”，谁让你非要选那个最难聊的人进行交谈呢？你完全可以先和热情的人聊起，一方面，他们往往主导着整个进程，与他们交流，你更容易切入话题；另一方面，也可以学习他们是如何对话题进行掌控的。

3. 如果你是一个强硬的人，多提问

个性张扬、一贯强硬的人很容易忽视自己在谈话中的态度，你更习惯于运用自己的语言方式，以致忽视了他人是否能够接受你的谈话方式。

若你面对的是公司内部与你熟悉的人员时，对方会很了解你的说话模式：你的每一个建议都变得如同指令一样。但是，当你面对陌生人或者顾客时，他们却并不会接纳这种说话方式。

当你与谈话对象交谈时，你应该更多地使用问句，而不是直接给出自己的答案。你应视不同的需要进行恰当的提问，特别是当你们之间有问题需要处理时，确定你的问题是在寻求他们的帮助，而不是在命令他们，最好的问句模式莫过于“你有什么建议”“你会怎么处理”。

4. 如果你是一个软弱的人，注意表达

如果你个性软弱、缺乏信心、总是在人群中被忽视，你肯定会有以下一个或者几个特征：

* 反应总是比别人慢半拍；

* 与人谈话的时候，说话速度很慢；

* 更喜欢低声说话；

* 在肯定的事情上，也总是提出疑问句："你确定吗？"

你需要做的，就是从语速、声音着手，不断地改进自己的谈话模式。你可以不善言谈，但说话畏畏缩缩永远是商务场合中的大忌，这种表现给人的感觉就是——他不应该相信你。

此外，把"你确定吗"改变一下吧！如果在讨论时，你可以根据场合，加入几次"我认为"，大家对你的印象将会大有改观。

不管你的个性是什么，最好的谈话都是使他人能够无拘无束地讲话，并从中获得自己需要的信息。当你做到这一点时，不管你的谈话方式属于哪一类，它都是有效的、积极的。

恭维：恰如其分才有效

一位推销人员向一位律师推销保险，律师非常年轻，他对保险并没有多大的兴趣，但是推销员在离开时的一句话却引起了他的兴趣。

推销员说："基努先生，如果可以的话，我希望与您继续保持联系，因为我深信您将前程远大。"

"前程远大？何以见得？"基努淡淡地问道。他刚刚由小助理正式

升到拥有独立办公室的经理，但是听起来，推销员好像是在故意讨好自己。

推销员连忙摇头："不，不要误解，我是真的相信。"

"几个星期以前，我听过您在电视上针对某个时事的演讲，那真是我听过的最好的演讲，不止我一个人这么说，很多人都是这样认为的。"

基努想起来了，那次是老板好不容易为自己争取来的机会，这让他有些喜形于色。

接下来，推销员向他请教应该如何当众演讲，他的心门一下子打开了。交谈一个多小时以后，他告诉推销员："欢迎您随时来访。"

没过几年，基努真的成了一位非常成功的律师，而那位推销员则一直与他保持着联系，两人成了无话不谈的好友，推销员的生意也越来越多。

在哈佛大学里，很多教授热衷于有技巧地恭维同事与学生，因为他们知道，恰如其分的恭维不仅无损于学术的权威性，还有利于双方展开交流与深入的合作。哈佛私下流行的金言里，也有这样的说法："如果你想更受人欢迎，请尽量多赞美他人。"

这样的做法其实有其特定的心理意义。著名心理学家马斯洛曾经提出，个人需要分为五个层次，由低至高分别为生理需要、安全需要、归属与爱的需要、尊重需要和自我实现需要。当衣食无忧、工作稳定时，每个人都会自觉地期望获得尊重与恭维。这样的恭维对于人生来说，也非常重要。只要你懂得恰当恭维，人们便会感觉自己的价值得到了肯定。

由此，还衍生出了"恭维效应"：将恭维变成恰当的赞美表现出来是对一个人价值的最大肯定，得到你肯定评价的人往往也会怀着一种潜在的、快乐的心情来满足你对他的期待。

推销员的成功就在于，他恰当地表现出了恭维，使新晋律师感觉到自己那原本可能微不足道的成功。当他人在你这里得到他们需要与渴望的认可以后，他们自然也会给予你恰当的回应。

不过，推销员的成功也正是源于他所面对的是“新人”，试想，如果他对一位久经战场的成名律师这样说，不仅得不到对方的回应，还会被视作冒犯。尤其是高层管理者、成功者，他们会表现得更难讨好——他们的社会地位、身份都决定了他们对于平淡的、讨好式的赞美抱以不屑甚至是鄙视的态度。

这种情况下，恭维得恰到好处以及恭维有度便显得尤其重要。

1. 大胆地开口恭维

国人个性内敛，往往不习惯将自己对他人的认可、赞美表达出来。另外，面对位置比自己高、人生比自己成功的人时，因为对方的威严、害怕被贴以“谄媚者”的标签而不敢讲话者所在众多。但是也恰恰是因为这样的特性存在，我们才更应该加以利用——试想一下，如果你生性木讷，但当相熟的同事做出非常出色的事情时，你由衷地发出一句：“你这件工作做得真出色！”对方也会因惊讶于你的“珍言”而感动。

成功恭维的第一步就是要大胆地开口，只要你的恭维是正确的、是恰当的，便不会惹来厌烦。

2. 别空泛地称赞

恭维中很重要的一部分就是表达自己对他人的认可与称赞，而这种称赞有三个基本的原则。

(1) 称赞努力，不称赞聪明

努力是后天付出得来的，聪明更像是与生俱来的。这就和你夸自己的老板是“富二代”一样，或许你没有看轻之意，但对方却会认为，你片面地将他的成功归功于他富裕的家世。

(2) 称赞具体的，不称赞全部的

“你真是公司里最出色的员工”远远比不上“你做的网页设计得真出色”让人舒服，有针对点的称赞更能打动人心。

(3) 称赞事实，不称赞人格

如果你知道客户正在做慈善，那么你最好称赞他：“这件事情上，我钦佩您的善良！”而不是说：“您真是一个好人。”“好人”的面太宽泛，而称赞事实则更能表明，你是在有所了解的基础上才对他进行称赞的。对这样的称赞，他往往会表现出更多的认可。

3. 让你的恭维包括 FFC 元素

(1) FFC 元素是美国礼仪专家给出的三个基本元素，其主要内容包括三点。

Feeling（感受）：让别人知道你的感受是怎样的；

Fact（事实）：完全依赖于事实、列举事实进行恭维；

Compare（对比）：将你的预期与对方所做的、超出你期望的地方进行对比后告诉对方。

类似的恭维如：“你们提供的解决方案真的很不错，我曾经一度以为这个问题是无法解决的，但你们却提供了一个如此完美的解决方法。”这样的恭维便达到了提高个人感受、依据事实、前后对比的效果。

(2) 恭维对方认为骄傲的地方

如果你的恭维保持了高度的一致性，见了女性就夸漂亮，见了男性就夸事业有成的话，那么你的礼仪修为不会得到他人认可。

保罗·福塞尔是美国研究个人生活的著名作家。他曾经提到这样一件趣事：一位青年到上流社会的知名人士家里做客，并恭维对方的椅子有多么的精美——他的恭维非但没有得到对方的认可，反而害他被赶出了门。因为这位上流人士认为，以一把椅子是否精美来判断他的品位根本就是一种侮辱。

所以，如果你面对的是非常重要的客户，千万不要轻易地开口恭维对方。事先进行调查，看看对方到底看重的是什么，这是避免让自己遭遇尴尬的最好办法。

搞定“谈话终结者”的艺术

德明斯发现，如何让已经开启的对话继续下去真是一件技术活。比如，上一次在公司合作伙伴所举行的联谊会上，他便彻彻底底地做了一回“谈话终结者”。

几个男孩正在一起谈论打保龄球的技术，德明斯加入以后，不断地打断某个男孩的发言，并声称自己的方法更可行。因为他不仅拥有一个专业的球技训练师，而且特意为此进行了长达几年的专业训练。

但是，大家并没有因为德明斯的指教而高兴起来，谈话气氛也变得越来越僵硬，随着时间一分一秒地过去，场面越来越尴尬——当德明斯意识到他应该再提出一个新话题时，几个男孩已经走开了。

如果你在商务社交过程中不够谨慎，那么你的行为很可能会与德明斯如出一辙。哈佛教授迈克·桑德尔认为：“你永远不可否认，有些人真的是天生的‘谈话终结者’——不管当下人们说得多么火热，他们总是有能力在大家的热情上浇一盆冰水。”

桑德尔认为，在开拓人脉、增强自我交际能力的过程中，这显然是商务社交中最尴尬的一面。而那些“谈话终结者”往往喜欢满足个人私欲，他们期望通过在对话中做到完全的掌控来获得自我安全感，或者满足对竞争力增强的虚荣心。

如果你想要知道自己是不是这样的“终结者”，可以对照以下六种人的特点——他们往往是最擅长将一场热烈的谈话终结于无形的人。认识这些特征的另一点好处在于，如果遭遇这样的人，你会知道如何应对他们。

1. 乐于自夸者

同事们正在聊天，有人说：“我昨天花半个月工资买了一件香奈儿的上衣！”

女同事们纷纷发出羡慕的声音，你却嗤之以鼻：“有什么啊？我从18岁开始就在香奈儿定制了。”

你喜欢夸耀自己所拥有的东西吗？你是否曾有意无意地显示自己在物质上有多么富有，进而期望通过这样的方式提升自己在他人心目中的地位？如果你是这样的人，最好改一下。

如果你的谈话对象或者商务合作者是这样的人，那么你只需要静静地听他们说就够了——他们最爱的，就是被人认真地聆听。

2. 传播谣言者

“喂喂，我告诉你，你听说了没，老板好像找情人了！”

“你看到没有，那个新来的女孩背的是A货包包！”

这类人往往是谣言的散布者，他们喜欢管闲事，总是将不该自己管的事情当成茶余饭后的谈资。不管什么时候，那些明智的人在遇到这样的人以后，都会在对方还没有浪费自己太多的时间以前彻底地换个话题，或者干脆换个谈话对象。

3. 先人一步者

“你昨天去环岛骑行了？我和我朋友早在一年前就这样做了！今年，我们要来一场更快乐的骑行！”

这一类型的人往往在内心有很强的自卑感，也正是因为如此，他们总期望自己能够表现出优于他人、先于他人的一面——不管是在办公室里，还是在会场上，这是他们的成就来源，同时也是他们的自豪感所在。

这种人并没有什么坏心眼，他们只是很享受被人重视的感觉。虽然有些不太容易，但是如果有可能的话，不如对他们多一些关注：“是吗？那你们今年想要去哪里呢？”

4. 鲁莽的硬心肠者

“你怎么能这么做工作？你这样做我很难办的！”

鲁莽的硬心肠者往往会被称为“直肠子”——他们喜欢说出自己的想法，却从来不考虑自己所说的会不会对他人造成伤害；他们不懂得如何正确地表达自己，或者也不知道怎样使用积极、礼貌的方式来表达自己的关心，所以他们经常会说出一些不合时宜、令人感觉尴尬甚至愤怒的话题。

如果你遇到这样的人，不要生气，多运用一些幽默与包容的方式去消除对方的负面评价吧！“是吗？那你能不能为我提供一些建议，这样我们在下一步合作的时候会更容易。”

5. 孜孜不倦的索取者

“你帮我做一下这项工作吧，我5点钟要交！”

索取者也被称为“伸手党”——他们总是在不断地寻找免费的建议和帮助。这种人不愿意帮助别人，却总想从别人那里无偿地获得帮助。对于这样的人，最好的方法就是告诉他：“不好意思，我的工作内容不包括帮助你完成你的工作。”

6. 热衷聊天者

“你不知道……”

我们可能有这样的经历，在某项活动中，遇到一位超爱聊天的人，他总是期望自己是永远的主角，或者话题只围绕他一个人转。不管什么时候遇到这样的人，你都会期望自己能够想办法尽快结束这场对话。

如果这个人恰好是你必须重视的合作伙伴，那么你便不可能带着无所谓、“我不想听”的态度离开。此时最好的策略就是，让自己不再成为他唯一的对话者。

(1) 带他认识和他有共同话题的人

鉴于他们总是在不停地说自己，你往往很容易找到这些人的兴趣。既然这样，为什么不想一下你周围有哪些人是有相似兴趣的人，然后介绍他们认识呢？他们自然会聊起共同的话题——这样做，你不仅为自己解了围，还为对方找了一个比你更好的聊天对象！

(2) 再找一个人加入对话

如果你感觉独自与这样的人对话真的很痛苦，不如在对方讲话的间隙再找一个人加入你们的对话：“纳尔，罗斯先生是这样看的……你怎么认为？”当你将对话由“一对一”变为“一对多”时，对方往往会自然地减少话语量，而且不会反感你。

(3) 使用“ISAC”技巧

拉里·乔恩是哈佛毕业生，如今在一家商业咨询公司任职，在对待“谈话终结者”时，他的技巧可以帮助你做到头脑清醒，将谈话保持在可控制状态下。这样，当你感觉时机已到的时候，可以果断地离开。

- Interrupt——打断对方的谈话

寻找对话中的某一点，而后有礼节地打断对方的谈话，并成功地转移话题。

- Summarize——总结对方的谈话内容

当你发现谈话逐渐超出自己的控制范围后，你可以不断地重复对方的话语，不管内容有多么俗气——你重复到一定程度后，对方自己都会感觉到厌烦。

- Ask——问问题

这样的做法很可能与你的初衷相违背，因为你虽然没能让“聊天狂”说话，但是他依然控制着对话的方向，当实在无法脱身时，通过总结与提问，你能够做到将对话成功地引至另一个方向。

- Conclude——做出结论

当对方始终以强硬的姿态掌控整个谈话，你可以这样说：“汉克，很高兴与你谈话，不过请原谅，我需要过去与重要的客户打个招呼，希望下一次我们可以再针对你所说的问题具体谈一下。”然后，使用握手与微笑的方式结束整个交谈。

你不仅要预防自己变成商务社交中的“谈话终结者”，还要照顾那些对自己有重要商务意义的“谈话终结者”，让他们不至于被冷落或者感到自己被遗弃。两方面都需要你有极佳的忍耐力，忍住说的欲望，忍住突然离开的欲望——不管哪一种，对你的商务能力都是一项极大的考验。

练习好你的场面话

马克是一家图书出版公司的项目经理，他的主要任务有两个：领会老板的意思，进行各种热门题材的搜罗；带领手下人执行老板的指令，进行作者群的开拓。因为好的作者往往会对作品要求更高，所以他们经常面临约不到稿、到交稿时作者却交不上稿的情况。

有一次，马克正在办公室里进行新图书的策划。一个新作者突然打电话给他，说是没有办法按时交稿了，因为思路堵塞，他需要一个星期的时间。这让马克非常着急，眼看公司已经开始为这本新书造势了，老板也正在等着看图书的成稿，这怎么能行?

正当马克着急时，老板刚好从他的桌子旁边经过，看到他如此忙乱便问了一句:“怎么了？”

很明显，这只是老板的一句场面话——他只是刚好路过，如果马克郑重其事地告诉他，事情到底“怎么了”，他反而会心生反感。但就是领导的这句“场面话”突然让马克清醒过来，他笑着回应了一句:“没什么，我正在找自己的移动硬盘。”

随后，马克在老板离开以后，与作者再次商议了新的交稿日期，并在团队内部进行了计划的调整。

其实，如果细看的话，我们都能够发现，不仅老板的“怎么了”是在说场面话，就连马克的回答也是场面话，但就是这样一句无关紧要的场面话不仅宽慰了老板，也为自己赢得了一个更轻松处理问题的环境。

美国人一直习惯于直来直去的表达方式，他们认为这样的方法在商务场合可以减少因歧义而产生的错误。但是，这并不意味着他们不讲场面话。事实上，当在商务领域发展到一定的高度时，你会越来越需要学习如何运用场面话。

对此，哈佛教授桑德尔讲述了自己的一段遭遇。当时，他担任顾问的一家公司开大型酒会，在他正与高层会谈的时候，一个毛头小子突然端着酒杯过来打招呼，桑德尔马上与他握手，或许是因为酒杯的冰加得太多，他感觉到对方的手冰凉，便问道："为什么你的手那么冰冷？"对方赶忙解释，并朝自己的杯子乱指，这使其显得很不成熟。

桑德尔事后向学生解释说："其实，他只需要说一句话便可以回答我，'但我的心是热的'。"

桑德尔并不关心对方的手为什么是冰的，对方也完全没有必要向他解释。这种问话不过是两个陌生人为了认识彼此、混个脸熟的客套话。什么话题开心、什么话题能够博得对方一笑，就讲什么话。

商务场合中的交流不是一句"你好"就可以的，你往往需要周旋几句，中间的一段空白需要你去填补。善于应酬的人总是可以漂亮地将此类使命完成，让彼此相处的时间变得轻松而愉快。反之，那些社交生手则会留下一张堆满尴尬的笑脸，加上一段比受刑还要煎熬的时间。

一般来说，想要讲对场面话，称赞是必不可少的。在社交场合中，只要你的称赞不是太离谱，大家都会接受。需要格外注意的是以下几点。

1. 说一些应承类的场面话

在社交场合中，当对方有求于你时，你很难当面直接拒绝，因为你们可能日后在私下的交往中再相遇，所以你必须慎重地面对。

当面拒绝往往会导致难堪，而且有可能马上得罪人；如果对方一直缠着你，更是麻烦。此时，你完全可以将“我会尽全力帮助你”“请放心，我一定会支持你”等场面话作为“缓兵之计”，以避免对方一直纠缠于这一话题。至于事后是不是能帮、能帮多少，你可以根据具体的情况处理。

2. 别相信场面话

在商务领域的社交场合中，最大的忌讳就是，太过于盲目地相信别人。在公司办的 party 上，你因为一件麻烦的工作还没有解决而苦恼，此时，当然会有人以此打开话题来“启发”“教育”你应该怎么去做。

他们未必是怀着坏心的，相反，他们积极主动的帮助或许真的是热诚满满。但是，面对他们的建议，不管是你身材走形了、该去锻炼了，还是你应该如何学会争权夺利，抑或在两性关系上如何处理，你都必须要谨慎一些。

来自朋友的建议，你当然可以慎重地考虑，但是商务社交中，有很多谈话都是为了谈话而存在的。对于敷衍式的场面话，你应保持足够的冷静与客观，千万不可因为两句好话便乐昏了头，那不仅会使你的自我判断出现错误，更有可能影响到你正式的商务行为。

鉴于场面话本身存在的不可信成分，对于那种拍胸脯答应的场面话，我们只能持保留态度，以免希望越大、失望越大。当然，如果你求证几次以后，对方一直避而不谈、言辞闪烁，那么对方便真的是在说场面话。这种时候，依靠自己的能力解决问题是最好的办法。

让谈话来得更容易一些

伦斯气呼呼地将米高叫出办公室，劈头盖脸便是一通叫嚷：“米高，你明明知道我的设计有问题，我也在邮件里向你说了，你怎么能直接抄送给老板？”

米高不慌不忙地说道：“我并没有别的意思，因为我们交流的内容涉及项目发展的方向，经理了解了我们的设计缺陷，才能更好地和客户沟通，你感觉呢？”

“不就是因为你提出来的建议我没有接纳吗？我告诉你，这个项目始终是我负责的！”伦斯气呼呼地说了一大通。

“当然，我只是提出一些建议而已，事情还是你负责，你去处理吧。”米高转身走了，留下伦斯自己，感觉兴味索然，本来是想要大吵一架的，结果争执却这样结束了。

在两人的谈话过程中，我们明显能够看出米高显得更有技巧性，他通过恰当的措施使自己在原本被动的谈话里变成了主动的一方，从而使有可能发生的争执化为乌有。在商务场合里，因为涉及职责、利益的问题，难免会有负面、不畅的沟通出现。在这种时候，恰当的处理便显得尤其重要。

1. 发生争执时，巧妙地一分为二

当争执快要发生时，你完全可以通过“一分为二”的谈话方法使话题转移，如提出新的建议。想要成功地运用这种方法，需要注意两个前提。

(1) 尊重对方以及对方的付出

当对方因为某件事情与你发生争执时，往往是因为他们对此付出了相当多的心血，看到并尊重他们的这种付出是避免争执进一步扩大的最基本点。

(2) 清楚而明确地表达

首先，你要向对方表明，如果事情继续下去，可能会发生你所顾忌、担心的事情。当对方意识到你的好意以后，他们往往会在事后更好地面对这次争执。

其次，你要清楚地阐述你的需求与对方安排之间的差异。妥协往往是最不适当的行为，迁就别人的做法意味着你在商务领域中丧失了自己的地位与应有的权利。

最后，你需要表现出你期望解决问题的意愿——你并不希望对方出错，而是基于让问题更好解决的目的而与其争执的。

2. 让声音传递情感

优秀的电视节目主持人往往拥有出色的才智与独特的声音。这种对声音技巧的娴熟控制使他们的声音悦耳、舒心，同时也使他们成为“可靠、可信任”的角色。如果你能够在商务场合中表现出你在声音控制方面的能力，那么你也将建立这种可靠的形象。

(1) 让声调适中

声调太尖、太低都不是最好的选择。高尖的声调不仅会刺激别人的神经，令人反感，还有可能让人认为你在故意挑衅；过于低沉的声音则会令人感觉忧伤，而有气无力的说话方式是商务领域中的大忌。所以，你要学习，不要将力气都集中在喉咙处，应使用胸腔与腹部的力量用中等的音量发声。

不过，每个人都会对自己的声调有盲区。鉴于个人对自我音调的不可识性，你最好请朋友来帮助判断你的声音是否恰当。

(2) 把速度控制好

语速太快不仅会让对方听不清你在说什么，还会显得你很不稳重；语速太慢则会让对方失去兴趣与耐心，还会显得你缺乏生机。因此，你应模仿新闻播音员的语速。

在说话的时候，你应留出让别人反应的时间，这可以使你的话语重点被别人了解。

3. 多用中性词汇，少用命令

谁都不希望自己被别人命令，我们可能会对客户抱以更多的尊重，但是在面对同事时却往往会遗忘这一点。因为大意或者未能把握好说话的度而造成不愉快，这本身就是一件尴尬的事情。想要避免这种尴尬，我们必须谨慎地使用以下词语。

* 应该：给人一种不容置疑的压迫感，最好用“我感觉”“我建议”来替代。

* 一定：生硬的说话方式只会令人感觉你的控制欲望很强，最好换成：“你可以……吗？”

* 必须：命令式职责性词语，最好先解释一下理由，再表达自己的意愿，如：“因为这份工作必须两人完成，你可以协助我吗？”

* 需要：你的需要别人不会在意，一味地限制不如提出温和的建议，比如，“我们最好这样安排”。

* 不能、不可能、绝不：这些属于过于果断的负面词语，使用“可能”“也许”“如果”会使语气舒缓很多。

* 不得不：消极的阐述方法，“我不得不和你合作”当然不如“我们可以更好地合作”。

* 闭嘴：暴力性词汇往往会引发不必要的负面情绪，如果你非要表达意见，为什么不能先说出原因，再加上一句“请你等我说完”呢？

* 你别管：这意味着你在生硬地拒绝别人的善意，但事实上，就算真的要拒绝，你也应先感谢对方的关心，再表明自己想要单独处理的心情。

暴力性、命令性词汇往往不如中性词汇，中性词汇在商务场合中更能表现出你的礼仪，也更符合商务沟通的要求。

控制争执的能力并非一朝一夕就能练成的，你需要不断地学习这些技巧，并在实践过程中加以运用——当你能够做到这些要点时，你的社交过程也会变得更轻松。

提问——打开话匣子的好方法

罗尔与凯斯一起参加公司的酒会，在那里他们遇到了一位分公司的会计人员露西。凯斯认为，露西很有可能半年以后会调来公司，鉴于以后有合作的可能，他必须给对方留下好的印象。

于是，他走向露西，并在打过招呼以后试图与她说话：“你们分公司的运营情况现在好吗？”

“我想，有关这一点，公司的财会报告中会提到的。”

“哦，我只是想和你交流一下而已。”

“不好意思，我的朋友在叫我了。”露西转身走开了。

这让凯斯产生了极大的挫败感。了解到凯斯的败阵原因以后，罗尔笑了笑："或许，你不应该在这种场合再问她的工作了。"

"那我该怎么和她说话？"

"问她感兴趣的！"

罗尔走向露西，并和她说起了话，凯斯看着他们一直交流到酒会快要结束。

"你和她说了什么？她竟然显得很愉快？"

"我只是看到她的肤色有些黑，便问她是不是去哪里度假了。然后，她就给我讲了自己在度假的地方遇到的有趣的事。"

商务交流中，因为局限了交流的内容、场地，人与人之间可供谈论的话题会大大减少。在这种情况下，除了积极的倾听，我们还必须借助于语言的引导，通过细致的观察恰当地提问。

有效的提问往往能够使交谈按着预期的目的进行，使交谈的气氛向着积极的方向发展。精妙的提问，往往可以使你获得自己所需要的信息、知识与相关的利益，同时，还能够证明，你真的十分重视与对方的谈话，而不是在敷衍，这将最大限度地激发起对方的兴趣，使其愿意向你提供更多的信息。

在哈佛经理培养课程中，哈佛教授们将提问技巧分为了"无效发问"与"有效发问"。

(1) 无效发问

* 压制性、不留余地的提问：你凭什么认为这样做是对的？
* 缺乏感情、无法引发兴趣的提问：你对我说的有什么意见？
* 没有指向性的发问：不知各位对此有什么意见？
* 完全无意义的发问：这是方糖吗？

(2) 有效发问

* 给人真诚、可信的印象：你能提出这样的想法很好，可以详细谈一下吗？

* 依然使用提问模式：不知道您的意见是什么？我们是否可以交流一下？

* 运用延伸艺术：请告诉我你的原因好吗？

不管是在工作还是生活中，我们都需要尽可能多地利用有效发问：这样才会让他人对你产生交流的欲望，而这种欲望正是让彼此间好感增加的重要推动力。当然，在有准备发问的过程中，你必须学会利用以下技巧。

1. 提出的问题应呈现开放性

如果你期望整个谈话可以向着积极的方向前进而不是产生争执，那么你就必须着重于创造让对方说“是”的气氛。而且，你要注意尽量避免让对方说“不”。因此，提出的问题应该尽量呈现出开放性，而不是呈现出“二选一”式的局面。

比如，若你想要针对某部流行电影询问对方的意见，你不应问对方“喜不喜欢”，而应问他：“你对这部电影怎么看？”在对方回答的过程中，你便能很容易找到另一个切入口，使你们的谈话变得更契合。

2. 有逻辑性，一点点地发问

那种期望“一步登天”获得答案的做法显然不够谨慎。如果你期望对方能够真诚地告诉你他对你们公司服务的意见，那么你便应该从他熟悉并愿意去了解的问题或者话题入手，然后按照由小到大、由表及里的方式，一边谈话一边逐渐将重点引出。

这样做一方面会使对方最大限度地放下戒心，另一方面也会因为有了前面的问题做铺垫，使对方变得更加乐于回答，而不至于太尴尬。

3. 注意：这些提问有可能引起误会

需要注意的是，在交谈过程中，有些内容是不宜作为话题展开提问的。

(1) 对方不知道的问题不宜问

如果你不确定对方能否充分地对你的问题进行回答，那么你最好还是不要问。比如，当你的交流对象是医生时，你很可能会问对方："去年国内流行病的趋势是什么？"这样的问题因为范围太大，再加上专业性太强，很可能对方不愿意回答或者回答不上来。如果对方直截了当地告诉你"不太清楚"，那么你不仅让对方感觉到糟糕，也会自讨没趣。

(2) 不要谈政治

若你的交流对象不是政治家、政论家，那么你最好不要针对某个重要的政治问题向他提问。

你可能想象不到，普通人对于政治往往是分歧很大的。提出这样的问题不仅会让对方感觉不自然，也很容易因为政见不同而引起争执。

(3) 不要刨根问底

一些与私人生活相关的问题，最好不要刨根问底。比如，你问同事住在哪里，对方说："我住东区。"这种时候，就不适合再问下去了。

模糊的回答往往意味着对个人隐私的看重，如果对方想让你知道的话，他一定会主动而详细地说出来。而且，如果足够看重你们之间的关系，他还可能邀请你路过时到他家里坐坐。

类似的问题还有年龄、收入，在非必要的情况下，最好不要提及此类问题。

（4）不要询问有关职业的秘密

这对于某些好奇心过强的职场新晋人员来说极为重要，他们往往会对别人的做事技巧、客户数量或者其他一些涉及自我职业的秘密非常感兴趣。但除非对方主动提及，否则你唐突地询问只会增加对方对你的厌恶，特别是对同行、同事更是如此。你们在一定程度上是竞争对手，这样的问题当然会引发他人的反感。

这些问题，最好不要问

- 不要问女性的年龄；
- 不要问对方的家世；
- 不要问对方的收入；
- 不要问对方的饰品价格；
- 不要问对方用钱的方式。

针对性格进行发问也是一个技巧，对那些寡言好思的人应开门见山、简洁明了地提问；提问的时候要富有逻辑性，尽量使用连锁性的问话技巧，比如，“为什么呢”“后来呢”。

当对方处于忙碌状态或者正在处理急事时，最好不要提问琐碎、无聊的问题；当对方正在专心地欣赏某项比赛或者演出时，最好不要提与该演出无关的问题；当对方处于不悦时，太复杂、生硬的问题则会进一步加重对方的不悦。

你需要时刻记住的是：问话的目的是引起对方的兴趣，而不是使任何一方感到没趣。当你能够做到这一点时，你的问话技巧便日趋成熟了。

Tips：尽可能地增加你的知识面

商务世界里，我们总是有可能遇到那种神奇的人，他们非常会讲故事，而且几乎无所不知——不管和什么人在一起，他们都能找到恰当的话题，让人发现与他交流的乐趣。

你也许很想知道，这些人是怎么做到的？

受欢迎的背后，往往隐藏着大量的付出。苏西斯是哈佛大学毕业生，如今她在一家国际慈善基金会中工作。关于如何做一个能够畅谈的人，她有自己的见解："如果我真的决定去参加一个宴会，那么我肯定会事先准备好一些材料，这些材料让我在宴会上能够切入大家的话题。"

你看，大家都在背后花费很多时间来充实自己。所以，如果想要变成一个大家眼中"有趣的交流者"，你也应该让自己变得博识。

1. 多看书、多看杂志

如果想要精通各种不同类型的话题，同时想在不同的人面前表现得游刃有余，你必须多读书，多看与专业有关的行业杂志。

多读书会让你的知识量不断地充盈起来，而行业杂志则可以让你发现，在他人谈及专业的内容时，自己还有更多的东西可以谈——这不会让你沦为一个夸夸其谈者，因为在商务场合中的所有交流都势必落实到"利润与利益的创造"这一问题上。

2. 多听谈话节目，省出时间看电影或电视节目

我们承认，当下的谈话节目与电视节目的确有一些做得够烂——可是，烂又怎样？它们照样有大批的受众。想象一下，如果你在酒会

上想要与自己已婚的上司交流一番，可没想到她正在与人大谈自己最近看的一部清宫剧，此时你会不会傻眼：“天啊，没有想到她竟然喜欢这个！”

不同的人有不同的爱好，你应尽可能地在时间、精力允许的情况下多看一些，这样你在社交场合的表现也会更出色。当然，如果能够做到有针对性地出击——在与重要客户会谈以前，先了解一下对方喜欢什么，再分别“进补”的话，你很可能会做到更有效的交谈。

3. 多参与各种形式的活动

有时候，你变得会说话并不完全在于你看了多少书，而在于你接触了多少人、参与了多少活动。如果有时间的话，让自己参加一些培训活动以及文化与体育类活动吧！在这些活动中，你不仅能够锻炼自己的交际能力，还能够将在这些活动中学习到的知识进一步运用到商务交际中。

4. 非必要参与的活动应遵循“快乐原则”

一些公司间的交际酒会、交流会议并不会强硬地要求每一个员工都参与，如果别人邀请你参与一个活动，你也参与了，那么你的责任就是让自己在活动中享受到快乐。如果你不能让自己快乐，那么你不如留在家里——参与一个你感觉无聊、被忽视的活动，只会让你接下来的商务表现变得糟糕，特别是当你的情绪调节能力不佳时。所以，参与活动时，别只是坐在椅子上发呆，事先准备一些笑话、趣事，用来在交谈时使用，它们会帮助你融入环境。

经过长时间的积累，你的交谈能力会变得越来越强，而你也将更轻松地与同事、客户、合作者进行积极的沟通。

LESSON 4

巧妙运用谈判，有礼有节地进行博弈

在商务世界里，并不是彼此真正地坐在谈判桌前才算得上是谈判。事实上，当你与同事、上司、客户之间有问题、有矛盾需要处理或是有利益冲突需要引导时都需要用到谈判。如何使用礼仪，有礼有节地赢得博弈呢？

商务世界里，处处都是谈判

乔是一家贸易公司的创意总监，他所在的部门负责对产品进行包装，而简则属于销售部，主要负责向客户展示、销售公司的产品。很多人不喜欢简，因为她与公司其他部门进行交流时总是更多地在说，而不是听取他人的意见。

更让人气愤的是，简总是喜欢拿着创意部提供的方案向上司直接表达不满，例如，“这几句翻译明显不够地道”或者“这个创意在几年前就被人用烂了”。但是，简从来不向乔或是文案撰写者直接提出意见。

有一次，简赶着要向客户推销公司的一款经典产品，于是她又找到了乔。可是，乔因为简经常越级向自己的上司“告状”，不想再与这种人合作。于是，他推说其他的销售经理也在赶包装，简若想要设计方案的话，必须要排期。

简当然等不了，于是她只能拿着以往使用的产品简介 PPT 自己乱改一通——可想而知，商谈自然失败了。因为这件事，原本为销售部经理的简被降为副经理，而且被扣发了当季奖金，乔也因为未能及时协助简做好产品简报而受到了上级的批评。

试想一下，如果简与乔都是善于谈判、善于利用技巧与人沟通的人，那么最终的结果必然不会是这样。

你留意一下便会发现，我们所面对的真实世界其实就是一个巨大的谈判桌，不管你是否喜欢，你都是局中人。作为商务场合中的一个独立的个体，难免会需要与他人商谈、协调某事，甚至还会和乔与简一样，因为某一件小事发生冲突。

如何处理与他人、与组织、与客户之间的关系甚至是冲突，不仅决定了你能否夺得成功的桂冠，而且直接影响到你能否过上充实、惬意且让你感觉到满足的生活。

在我们的传统思维中，总是会认为，成功总是钟情于那些受过良好教育、拥有惊人才能、过人资源以及做出突出贡献的人。但是，残酷的现实总是使那些拥有这种观点、努力工作，并希冀可以到达成功彼岸的人大失所望——在拥有了之前我们描述的一切优势以后，你还需要具有谈判力。

哈佛商学院教授克里斯汀曾经就谈判公开发表过自己的观点，在他看来，“谈判”并非一个严肃的词语，也不是商业行为的专利，而是生活中的一种交涉艺术。事实上，就算与最亲近的人在一起，也往往会运用到谈判的技巧与艺术来帮助我们处理好人与人之间交涉的困境。

谈判并不意味着我们必须西装革履地坐在会议桌旁，神情严肃地针对某一个问题进行明确的讨论，它可以发生在任何时间、场合、地点。在商务世界里，所谓的谈判意味着我们必须学会对各方面的资源进行整合，以找到最佳的资源平衡点。

从哈佛经理培养课程中，我们可以发现，哈佛学子往往会运用以下准则，在商务世界里赢得自己的成长空间。

1. 因地制宜，采用恰当的谈判策略

同事与同事之间有关工作任务的分配是谈判，员工与上司之间有关薪酬的交涉也是谈判，部门与部门之间的协调更是谈判——谈判的对象不同、利益点不同，谈判对象之间的关系也将有所不同，而这一切都

决定了我们所采纳的谈判策略皆有不同之处，我们必须对此做好充分的准备。

2. 谈判是通过变通，获得共赢

商务世界里的谈判经常需要双方的让步与妥协。说白了，这种妥协其实就是一种相互间的退让与变通。通过变通的谈判，我们最终达到所期望的结果，使日后的合作更加和谐，进而实现共赢。

3. 谈判不是找麻烦，而是解决问题与矛盾

仅拿简与乔之间的分歧来看，我们便能够发现，商务世界里的分歧往往代表着矛盾早已存在——避而不谈的确能够维持表面的平静，但是如果双方能够坐下来，谈判式地解决矛盾，那么在日后的工作中，或许矛盾被激发的可能性便会大大减少，而双方的利益也将得到保障。

4. 谈判不分输赢，只分好坏

商务谈判与商业谈判有着极大的不同，它并非正式商业作战的一部分。商务谈判是为了更好地合作，是双方为了达成共识而不断共同努力的一个整体过程。我们所关注的焦点应该从“从商业上打倒对方”转变成“如何更好地成就彼此”。从这一角度来说，谈判的结果只分好坏，而没有输赢。

5. 照顾他人的情绪也很重要

商务谈判的过程中，我们固然要讲道理，但是同时也应充分地尊重他人，了解他人的想法、观点与意见，照顾到他人的情绪，这样才能使谈判的结果朝着预期的方向不断地发展。如果谈判过程中，有任何一方

感觉自己受了委屈，或者感觉不公平的话，即使最终达成了协议或者合作，也往往会再生矛盾。

那些头顶“成功者”桂冠的人不仅拥有出色的才干，还具有谈判的能力。通过谈判，他们得到了更佳的发展平台；通过谈判，他们获得了自己想要的东西。如果善用这些谈判原则，那么总有一天你也可以成为成功者。

识别他人的谈判风格

年底时，公司为了奖励员工们的出色表现，特别制订了一项旅游计划。名额发放到销售部时，限定为五人。可是，销售部不仅有五名出色员工创造了非常优秀的业绩，还有两名管理者。这导致让谁去、不让谁去的问题非常难以解决。

销售部的高尔向总经理请示道：“总经理，销售部有五位出色的员工，另有两位管理者，可是公司只给了我们五个旅游名额，这会让部门同事间起内讧，公司能否再给出两个名额？”

一向以强硬著称的总经理发话了：“如果你不能做到内部精确筛选的话，只能证明你们的管理工作做得不够细致。公司制订五人旅游计划，本身就是奖励那些最优秀的员工的！”

受了一通批评的高尔有些想不通，刚刚自己才向设计部打听过，他们部门有几个员工因为家中有事无法参加旅游，而总经理一向不小气，为什么这一次偏偏驳回了自己的请求？

不考虑其他的原因，我们仅看高尔的请求便可以发现，在整个对话过程中，高尔只顾着表达自己的意志与愿望，却丝毫没有照顾到总经理的心理反应与期望。在与强硬派的对话中，这种以自我为中心的对话方式往往惹人生厌。强硬者是最渴望得到掌控权的谈判者，而高尔恰恰剥夺了总经理的这种“掌控欲望”。

哈佛商学院在教学过程中，往往会对学生们的谈判能力进行积极的培养，并会通过多方面的锻炼来实现学生在现实生活中的灵活运用。原因很简单，谈判是一片需要知识、阅历与勤奋来经营的土地。其目的在于，从那些人之中获得你所需要的帮助，并竭尽所能地获得他人的好感。通过运用已有信息和资源，我们利用谈判来左右多种力量，在他人的惯常行为与反应中获得自己需要的东西——立足于这一起点来看待谈判，识别个人谈判风格便显得尤为重要。

每个人的成长环境、经验经历都有所不同，这直接决定了个人的谈判风格迥异。在针对某个问题进行谈判时，我们完全可以采取不同的方法来面对，其目的就在于使整体谈判达成共识，进而形成真正的共赢。

根据不同的风格与特点，个人谈判风格可以分为四种，你可以有针对性地找出自己的谈判风格，同时针对他人的谈判风格做出正确的估计，然后将自己的需求正确地表达出来。

1. 支配型谈判者

支配型性格的人在平日里就会表现出强硬的一面，但是他们的人际关系与情感能力会比较差。

拥有该谈判风格者主要有五大特点。

(1) 他们拥有良好的表达能力，在对话过程中更愿意成为倾诉者而非聆听者，他们不善于倾听、喜欢发号施令，往往不能容忍出现错误。

(2) 他们会表现得格外强硬，而且容易对他人的情绪、建议表现出不在乎的一面。

(3) 他们多半是组织中的冒险家、决策者，是一个有目的的观众。如果在对话的过程中，他没有说话而是静静地聆听，那么他一定有自己的目的。

(4) 在谈判时，他们往往会将自己的求胜心表现得极为明显。

(5) 相比普通人，他们更加冷静、更显独立，也更加以自我为中心，这是因为他们性格中更多地表现出支配型的人格。

看起来，支配型谈判者就像是铜墙铁壁般不可攻破。但事实上，如果你能够避免一直强调“共赢”，而是让他感觉到“我赢了”，那么你们之间的对话便完全有可能向着有利于你的方向发展。

支配型谈判风格的人在对话中往往需要直接的回答与大量的新想法，他们畏惧错误与没有结果的谈话。对于他们来说，务实、单刀直入式的谈话更有价值。所以，当你需要与之对话时，你应该准备充分，并实话实说，尽可能地使用事实来佐证自己的观点。

不过，你需要格外注意，他们渴望的是“我是全局掌控者”的感受，所以不要妄图挑战他的权威地位，更不应告诉他要怎么做；让他自己做决定：让他看到利与弊，他们往往会做出正确的选择。

2. 表达型谈判者

表达型谈判者往往是情感能力、感知能力皆非常高的个体，在谈判与对话中，他们往往会表现出以下风格。

(1) 他们拥有极强的表达力，并习惯在对话中表现出自己的情感。

(2) 他们更重感情，而且更加乐观，对于很多事情，他们都愿意朝着理想化的方向想象。

(3) 他们喜欢参与，乐于与人沟通，畏惧孤独，在做事时追求的更多的是乐趣。

(4) 他们的条理性比较差，所以在谈话过程中，往往会因为讲太多与主题无关的话而导致整个议题进程变得混乱。

表达型谈判者所需要的，是通过对话中的交流来得到他人的认可。他们渴望成为人群的中心，也渴望自己在交流中与他人形成民主的关系。如果非要说他们需要达到某种目的的话，那么他们的目的在于，是否有人愿意倾听自己的想法，是否有人能够帮助自己实现创意。

此类人最恐惧的，是失去他人的理解与支持。所以，在与他们对话时，我们应与他们一样，充满活力、精力充沛。同时，我们要留出更多的时间去倾听他们。倾诉欲望得到满足后，他们往往会更容易答应你的要求。

不过，需要注意的是，表达型人格因为做事缺乏条理性，我们在做任何工作的时候都要以书面形式与他们确认——因为表达型人格更乐于享受被人倾听、被人认可的快乐，所以在后续确定过程中，他们所说的有时候不一定能够做到。

3. 亲切型谈判者

亲切型谈判者最大的特点就在于情感能力高，但表达能力极差。

(1) 因为自身总是在交际中表现出和蔼可亲的一面，所以他们更善于与他人保持良好的人际关系，对矛盾非常厌烦。

(2) 他们乐于与他人打交道，待人也非常热心，在做事时会表现出更多的耐心，而且有能力帮助情绪激动的人冷静下来。

(3) 做事时，他们往往会采取被动的方式，所以他们作为听众往往非常出色。但是，若将他们视为决策人便会比较麻烦，他们的决策永远会表现出迟缓的一面。

亲切型谈判者所需要的是一种安全感，传统的做事方式、程序都是为了获得真诚与安全而进行的，所以与他们对话时，你最好将自己的语速放慢，以友好的、非正式的方式与他们沟通。

如果你能够在对话的过程中充分地提供个人的帮助，那么你们之间便能够建立起信任关系。不过，这要求你换位思考，站在对方的角度上思考每一个细节问题。

与他们进行有关问题的对话时，你要更多地表现出友好的一面，并尽可能地不引发其他矛盾——这样更容易获得他们的赞赏，同时也更容易在谈判中获得优势地位。

4. 分析型谈判者

分析型谈判者最大的特点就是他们的个性更加冷酷。

(1) 他们的表达能力较差，情感能力也不足，在人际交往中往往表现出孱弱的一面。

(2) 他们拥有分析方面的天赋，在遇到问题以后，他们首先会收集资料、整理数据，然后进行相应的分析。

(3) 与其他人相比，他们会对具体的细节表现出加倍的关注，这不仅让他们比别人更能看清问题的本质，也形成了他们敏感的性格。

(4) 他们非常重视独立空间，条理、规矩、条条框框对于他们来说非常重要，他们在每一件事情上都力求精确、完美。

正是因为在收集、求证的过程中会过分细心，他们往往会表现出格外的谨慎。而他们的谨慎是源于个人对安全感的渴望，条条框框是他们保障自我安全的重要所在。在他们看来，只有拥有足够的证明自己分析的依据，才能让他人尊重自己、重视自己。

他们畏惧批评，更害怕混乱与条理不清，规则不清、要求不明的内容。所以，与他们对话时，你应尽量摆出“公事公办”的姿态，并尽可能多地给出对方信息。

在与之进行沟通、交流的时候，你的语速应该尽可能地慢一些、正规一些，对于他们来说，过于主动的、友好的语气会给他们造成困扰——刻意的讨好与接近更会让他们感到被侵犯。将你所有的精力放在事实与需要讨论的事情上，而不是与他们套近乎，你们的谈判便能够更好地进行。

对于这四种不同类型的人，你应采用不同的处理方法。针对他们的特点、心理需求，做出相应的对策，再与他们进行沟通、对话与谈判。当然，一眼看出对方是何种谈判风格并不容易，这要求你在人际交往过程中不断地累积相应的经验，让自己能够更快、更好地通过蛛丝马迹来判断对方的具体行为模式。

用宽阔的视野来注视谈判中的共同利益

哈佛商务实践课中有这样一个值得注意的例子。

一位极具才华、对前途充满自信与勇气的青年，在受到上司的赏识后被提拔为管理者。在接下来的一年里，他被任命为得克萨斯州分公司的总经理。入职后，他立即积极地开展工作，以期在任期内提升工作业绩。

可是，不到半年，得克萨斯州分公司上上下下的员工便异口同声地抱怨起来：“这家伙到底会不会管理？”

“他实在是太傲慢了，我再也不想和他合作了！”

“如果有可能，我希望他赶快调离这里！”

为什么这位青年会引起这么多的不满？原来，他在管理过程中过于独断专行，这使得他虽然具有出色的才能，却常常招致他人的反感。

不久后，总公司向他发出了一封重要的电子邮件：“请针对你地区的特点制作出一份详尽的客户调查资料。”但是，久等之后却丝毫没有消息。之后总公司不得不再派专人打电话给他，而他的回复是自己太忙了，没有时间弄这些。

总公司董事会在了解到他的傲慢态度以后勃然大怒，立刻派人前去接管他的工作，并让他立即返回总公司。此时，他才感到事态的严重，返回总公司后不断地表示歉意，但为时已晚——总公司最终解雇了这位上任半年后地区业绩非但不增，反而大幅度下降的管理者。

你可能会奇怪，为什么一位有才能的管理者得不到下属与上司的认可？为什么事情会演变到如此的地步？最大的原因就在于，这位管理者不懂得如何获得他人的协助。

当你遇到对立状态时，假如一味地固执己见，完全不考虑他人的立场，往往会引发愤怒的反抗；强硬地采取鲁莽的手段，更会适得其反。这些措施对于解决对立非但没有任何帮助，反而会使对立进一步恶化。

哈佛经理培训过程中，哈佛教授会不断地通过各种各样的案例，使这些未来的商务精英明白这样的事实：在一个组织中，几乎没有哪项工作是可以靠个人独立完成，而不需要他人协助的。即使乍看之下仿佛能够独立完成的工作，也必然会在某处需要与他人发生关联。

所谓的“借助于团队的力量”，其实就是仰仗于他人的帮助、借他人之力获得成功。当你位居这一合作制度体系的枢纽地位时，你更要树立起这样的意识——即使是处于对立的状态，双方存在利益方面的冲突，你也可以通过恰当的说服与谈判获得对方的合作与协助。这不仅是个人商务行为成功的关键，也是个人商务礼仪、行为素养的整体体现。如果你能够引导对立的双方在谈判中达成共识、解决问题，你的能力与礼仪将得到完美的展现。

使利益冲突、存在矛盾的双方展开合作的基础很简单。

1. 设定好自我位置

在进入谈判、展开说服以前，你必须先确定自己对对方的要求是什么，你期望对方至少要做好哪些项目。

想要使自己的要求能够被接受，你必须做到基本的两点。

将要求的内容分成必须实现的基本目标与可视情况做出让步的非基本目标；制定上限与下限，即最高限度要求达到的地步，最低限度让步的程度。

在进入谈判、展开说服以前，你必须依据这两点基本的内容设定自己的位置，即告诉对方你的上限，并适时地根据对方的要求，不断地下调要求——等到妥协到不可妥协时，再将下限说出。在此之前，即使是对方表示想要知道你的下限，你也应该保持缄默，严格地加以保留。

当你提出上限时，通常不会被完全接受，但是谈判与说服往往是由提出这一要求开始的。

2. 共同基础优先行，对立问题随后谈

如果在说服与谈判开始时，基本目标就已经发生对立，此时若是各自坚持、互不相让，事情便极有可能陷入全面的瘫痪，更不要说有任何进展了。如果再坚持下去，甚至有可能会造成更尖锐的问题，使对立变

得更加无法解决。

教授卡尔·安德莫认为："再复杂、再困难的工作，都需要从最简单的地方着手进行，这才是聪明而正确的做法。"谈判也同样如此，假如一开始对立的情况就非常明显，那么接下来的谈判很可能会变得非常复杂，为了不使情况恶化，发生对立的部分最好暂时搁下，改从其他的共同点着手进行谈判。

即使是小地方上的一致，也能够使谈判双方感受到内心想法上的共鸣，而这种共鸣恰恰是缩短谈判双方距离、使关系进一步融洽的重要因素。

比如，"那么，这样好吗？由营业部负责该次活动，行政部进行全力的协助"或者"我们可以让你们负责这里的工作，但能否将与上海部门沟通的事宜托付给我们"，此时，由于所坚持的要求得到一定的满足，对方应该愿意再退让一步。

3. 促使对方关注彼此的整体利益

位置不同、部门不同，甚至是角色不同，相关利益也会不同，甚至会因为利益的不同而产生对立，这都是常见的商务现象。此时，如果一味地采取以自我为中心的谈判方式，必然会使整体的谈判目标受损。

谈判者的原始角色就是解决对立，以部分的退让换取整体组织获得更大的利益，因此，在互相坚持自己的对立以后，应该超越当下的利益局限，关注整体的得益，以提高整体利益为总目标。

如果你能够经常性地考虑到这一点，以更宽阔的视野来关注、强调共同点，那么你解决对立局面、获得他人支持的机会也会增加。

摆出倾听姿态来说服

哈佛学子艾德文在毕业以后，曾在萨姆·沃尔顿的沃尔玛公司工作过。在为沃尔玛效力期间，他发现了一个非常有趣的现象：每一次公司有问题时，管理层都会尽可能地摆出倾听的姿态而非强力的说服，并以此来收集员工的意见，促进问题的全面解决。

艾德文认为，这是沃尔玛的特点——倾听员工的意见。这不仅能够让公司找到是哪一个程序或者过程引发了群体性的不满，同时能够进一步促进公司形成良好的开放式谈判沟通氛围。也多亏了这种倾听，沃尔玛才能在短短的几年间发展成为全球范围内数一数二的出色企业。

哈佛曾经对许多企业内部的谈判风格进行过了解，发现以沃尔玛为代表的企业多使用开放式交流来促进员工之间、员工与管理层之间的积极沟通。这种交流方式的确起到了将小问题解决于萌芽、将大问题解决于内部的作用。

这种开放式交流之所以能够成功，就在于管理层摆出了倾听的姿态——事实上，不管是谈判还是沟通，都需要将倾听作为基础。哈佛商学院教授欧文·西亚直指谈判倾听与普通倾听之间的区别：“我们总是以为它们是相似甚至相同的，但事实上，为了得到双赢的结果，谈判者之间必须相互传达信息。在谈判过程中，你有一半的任务是提出自己的论点，并力求这一论点简单、合乎逻辑、思考周详，而另一半的任务则是将这一信息成功地传达给对手。想要达成这一目的，你必须做到倾听。”

欧文直指，设法让自己成为最好的倾听者，是重要的成功判断技巧，理由有二。

若谈判的一方发现对方根本没有理会自己所说的话——这将会对谈判本身造成极大的危害；倾听能够让你找到与对方之间展开协调的要点，使你进一步了解对方的需求，达到沟通的目的。

那种只说不听式谈判最终会沦为高尔夫谈判——一方在打球，而另一方仅仅是在消极地等待。想要避免谈判沦为此种消极模式，我们便必须付出相应的努力。

1. 尽量将讲话量降到最低

当我们说话时，便无法倾听对方，而且说得越多，暴露自我弱点的机会便越多，可惜很多人都会忽视这一点。当你停止讲话时，你应试着让自己做到以下事项。

(1) 试着了解你的对手，并试着换位思考，让自己从他的观点看事情——这是提升自我聆听技巧的重要方式之一。

(2) 表现出你对他的观点有兴趣的态度，这是让对方相信你在注意聆听的最好方法，同时也是潜台词："你能拿出一些论据来更好地辅助自己的观点吗？"

(3) 分析对方。端详对方，注意他的脸、嘴与眼睛等变化，通过外表的细微变动判断对方是否被你触动。这将帮助你更好地聆听，同时能够使对方完全相信你在聆听。

2. 让辩论简明扼要

真正成功的沟通有基本的原则——你的言语应该为你的观点服务，所以，尽可能地表达感受，而不是力求通过冲击性的言语带给人深刻的印象。

(1) 尽力做到简单

在讲话时，你应从两个方面做到简单。

互相了解沟通的意见，并尽量使用简单、易懂的字眼来表达。将你们的讨论要点，包括最重要的论点都简明扼要地说明，这是最有效的沟通方法，也是一步到位的沟通模式。不过，在简述要点时，不可进行批判与详细论述。

(2) 抑制争论的念头

你与对方成为对手，本身就意味着你们之间有意见不一致的地方。但是，轻率地打断对方的谈话，甚至冲动地反驳对方的观点——纵使你只是内心有这样的念头，也会使沟通产生阴影。所以，学着控制自己吧！谈判不是辩论赛，你需要抑制自己争论的冲动，放松自己的心情，记下要点以备接下来讨论用。

3. 更用心地记述要点

将讲话量降低并非消极的战略，它是为了让你接下来能够更好地与对方博弈。

(1) 对准焦点

你应试着将注意力集中在需要对方讲出的要点上，努力地检查、思考过去发生的事情、你手头上的统计资料，以确定对方为什么要讲这些话，他是为了达到怎样的目的而讲这些话的。

(2) 不要臆测、假想

此类行为总是能够让你偏离原定目标，进而浮想联翩。所以，你应尽力避免对你的对手展开臆测。不要假想他正在使用目光的接触、面部的表情来吓唬你，更不要想象对方某句不当的话是在针对你——虽然有时候假想是正确的，但是它多半是形成沟通障碍的关键性因素。

(3) 不要立即做出判断

不到最后一刻事实清楚、证据确凿、观点无可辩解时，千万不要做出判断。过早判断对手的观点甚至是为人，很容易让你受到偏见的影响。在事前减少自己的偏见，并平静下来聆听对方的观点、容忍来自对方的偏见，这本身就是礼仪的展现。

(4) 写下重要的观点

将对手与自己的重要观点写下来不仅有助于聆听，而且有取悦对方、集中话题的优点。试想，如果有人对你所说的话非常重视，并不断地做笔记，你是否会对他产生好感?

4. 注意奇怪的措辞

在一些典型的谈判会议上，往往会有不严谨的奇怪措辞出现，注意这些口头禅的线索，将会对你的谈判大有帮助。

(1) 顺便说一下

"顺便说一下"并不意味着他所说的话只是偶然间想起，恰恰相反，这句话意味着"顺便说"的内容是他们格外注意的。

(2) 坦白地说

当你的对手这样说时，你就要格外留意了。他期望你格外留意他即将要说的话，因为他认为这句话非常重要。

(3) 在……之前

"在你们的价格还未上涨之前""在公司还没有展开薪酬调整之前""在我们还是朋友之前"……这类措辞指出的其实就是问题产生的关键，当你把握住这些暗示后，你便能够发现你与对方为什么会坐下来谈判。

这些要点看似简单，但在谈判实战中多次运用，不仅能够展示出你应有的商务礼仪，还能够让你变成一位出色的聆听者。你会发现，你所说的观点变得更容易被接受，而你的个人魅力也得到了极大的提升，并得到了越来越多的人的敬重。

需要坚持时明确态度

格林是一位出身哈佛法学院的律师。一次在代表一位大客户处理房产时，他有效的谈判有幸被哈佛学院选为授课案例。此次案例中，格林的恰当坚持使自己的委托人免于遭受财产损失。

这是他与一位买主之间的谈话。

“先生，你或许已经了解，我的委托人拥有这栋房子。所以，任何的出价我都需要以书面形式呈交给他们，决定权也在他们手里。”

“是的，我知道这一点。不过，我感兴趣的只是那块土地，而不是上面的房子。”

“那是当然，这一地区是正在成长中的未来中心区，它的价格一直在攀升，这也是这幢房子为什么一直在待价而沽——我们已经拒绝不少买主，因为价格上的不合理。”

“格林先生，你是知道的，土地的价格总是在变化的，所以售房时机非常重要。”

“不错，我承认这一点，那么您的出价是多少呢？”

此时，对方挺直了腰：“我的出价是 17.5 万美元，全部现金交易，我会给你 10 天的时间，10 天足够你与委托人商量了。”

“哈哈！ 17.5 万美元，很好，先生，我会将您的出价转告给委托人。

不过，我可以告诉你，上个星期，我们刚刚拒绝了一项更加优厚的出价。”

“我说过，时机非常重要，而且现金交易会帮助你们省去很多的费用。”

“先生，我只能帮助您转述您的出价，至于是否成交，需要我的委托人来决定。”

你会观察到，这次的谈判始终围绕着价格问题打转，虽然它最终因为买主出价太低导致无疾而终，但是我们却能够从中看到，如何才能正确地表露出自己的坚持。

谈判其实就是商务场合中最正式的意见沟通，你所面临的谈判并非要带给对方深刻的印象，而是为了表达自己的意见。格林不仅没有同意对方的出价，而且很明确地表示自己与委托人对房子价格的自信。而对方的出价之低也使我们明确必须要“坚持底线”的重要性。

1. 永远不要假设对方是理性的

许多神志清醒的普通人在谈判中的表现会被对手视为不可理喻，原因很简单——他们所提出的建议与对方的预期相去甚远。

你很可能听说过，有人因为同事或者上司一句无心的话而果断地放弃了待遇优厚、环境舒适的工作。生活中此类事件更是时有发生——有人甘愿冒着损失钱财甚至是身体受伤的危险，只是为了证明自己并不畏惧某件事情。对于大多数人来说，这类行为是相当不理性的。但奇怪的是，总是会有人这样做——商务世界同样如此。或许，你的交涉对手正是这样的人。

2. 不要假设双方价值观一致

有些人习惯在谈判过程中将对方的起点、价值观视为与自己相同，可是这样的契合极少出现，与你针对商品定价进行谈判的人可能并不是和你一样关心公司的成长——对方很可能只是担心商品定价上的变化会损失某种利益。对于同一件事情，两种人往往会有截然不同的反应与评价。不要提前做判断，否则，你在谈判中便很容易被他人操纵。

3. 提前展开调查

这点似乎并不需要多说，但根据经验来看，很多人在谈判前往往会将这一行动忽略，以致不知道谈判对手在过去处于类似状况时采取了哪种反应。

若期望针对薪水问题与老板进行谈判，你就应当设法去了解老板以往是如何处理其他员工提出的加薪事件。或者，对于目前你面临的价格谈判，对方曾经做出过何种定价？你掌握的信息越多，便越能判断出对方的谈判筹码。

4. 向对方提出问题

当你在谈判过程中听到对方提出不合理的建议时，不要只顾着发表自己的主张，而不询问对方是怎样想的。事实上，最令人满意的信息来源恰恰是对方本身。对方是否坚持要公司中的某人来管理合作项目？为什么他这样坚持？要求加工资的秘书是否认为他所做出的贡献要比一年前更多？这些额外的贡献是什么？它们对公司有什么样的价值？

需要你格外注意的是，不要将这些问题当成是向对方挑战，而要当成是真心期望了解对方想法的切入点，以及为什么对方会认为自己有资格提出这样的要求。只有了解“为什么”以后，你才能够掌握对方的立场与兴趣所在，找到令双方都满意的解决方法。

5. 确定暂定的理解事项

每当对方向你提供重要的信息后，改用简单明了的言语加以解说，以向对方进一步确定你所理解的内容是真实、无误的。

* 清楚地确认双方是在谈论同一件事情；

* 加强对方的记忆，因为人们往往会忘记刚刚自己所表述的理解事项；

* 和对方一起排除模糊不清的内容。

故意曲解对方的意思对于谈判毫无意义，你是在寻找解决问题的渠道，而非加深彼此的分歧。

6. 清楚地告诉对方你不能退让

我们在之前提到了基本目标与下限，这两个内容其实是相辅相成的。如果在某次谈判中，我们忽视了这两点，那么我们的利益便会受损，基本目标与下限本身就是为了维持利益甚至是成本而存在的。

当发现对方一味地提出背离基本目标、低于下限的要求时，你应该回到自己的原点，并进一步确认：这两个内容是无论如何都不能变化的。

在确定这一点以后，明确地告诉对方：“对不起，这已经是底线。”若对方真诚地期望深入的合作，那么他应该非常明白，你已经表明了态度，不可能再退让。

如此之后，你反而会发现，你实现了“以退为进”——在此基础上，进一步循序深入，你们的谈判未必不能达到双赢。

压力之下，更好地利用关系谈判

部门经理琳达在几个月前新雇用了一批员工，他们的表现非常不错，这让琳达所在的部门在上半年于整个公司中表现突出。

在年底总结时，总经理对琳达提出了特别的表扬，称她是一位知人善任的好上司，并号召全公司的管理者向她学习。这让琳达非常高兴，她用公司发放的奖金请部门员工大吃了一顿。

可是，事情的发展却出乎琳达的意料。在一次与下属沟通的过程中，她意外地得知，自己最重视的一位员工竟然在私下里诋毁自己，并声称努力成果被窃取。这让琳达很难过，同时也给她提了醒——如果不及早与对方展开恰当的沟通，这种负面的判断很可能会给整个部门带来不利的影响。

琳达的遭遇并非偶然，从我们与同事通过商务关系凑在一起的那一刻开始，便需要进行相互的评价。这种评价不仅是关系的基础，也是关系实现可持续发展的重要根源。

但是，在维系关系、使关系真正走向可持续发展的过程中，压力的存在却往往会使我们以往的努力功亏一篑。琳达利用好几个月与新员工打成一片，但是如果在对流言的控制上做不到让自己的谈判尽可能完美的话，那么这段关系便会破裂，甚至会影响琳达所管理的整个部门。

哈佛商学院经常使用案例教学法，教授们还会要求学生们依据自己的特点扮演不同的商务角色，他们期望以此来培养学生在现实社会中抗击压力的能力。的确，在商务社会中，强势人群与弱势人群之间多有冲突，压力之下，心理脆弱者往往会在谈判中失去先机。

这是一个残酷的事实——抗压能力往往会对谈判进程起到重要的作用。所以，我们必须学会在压力之下，更好地利用关系中的各项要素进行谈判。

1. 判断关系是否需要处理

哈佛心理学研究中有这样的结论：随着压力的不断增加，人际关系会出现戏剧性的变化。研究证实，如果你想要处理好关系，便必须判断自己的关系是否需要谈判。

(1) 避免谈论令人关系紧张的人或者话题——自然死亡类关系

在你与他人的关系不重要时，这一办法往往会很有效，它通常会导致关系的直接断裂。令人关系紧张的人或话题谈论的次数决定了人与人之间的亲密度。在商务场合中，这一关系同样存在。因为回避而产生的不感兴趣或者压力的不断增加，会使人与人之间的交流欲望变得越来越少，进而导致关系的破裂。

(2) 接受眼下不完美的关系——妥协性关系

一方或者双方都知道这种关系并不完美，但它不会影响大局，此时选择维持它而不是急于改变它，是一个非常常见的策略。在处理一些并不十分重要的周边关系时，这种方法非常有效。

(3) 直接处理关系——谈判性关系

我们将其称为谈判，这就如同琳达与下属之间的会谈一样。他们之间的关系的确重要，而且投入时间与精力往往是改变关系、减少压力、让损失降到最低的最好方法。

2. 找准你的谈判目标

哈佛教授戴卫·克拉克认为在一段关系中，造成伤害与压力的因素主要可以分为六种。

(1) 关系的宽度：参与者之间能够相互自由讨论的话题有哪些？

(2) 关系的深度：你能够向他表露出来的情感应该被控制在哪种程度？

(3) 对具体任务的共同了解：你与对方如何一起为完成日常工作／达成共同目标打好基础？

(4) 态度：你对他的态度是积极的还是消极的？

(5) 情感的强烈程度：你对他的情感强烈到失控吗？如果情绪过分强烈，你应如何调整？

(6) 相对的地位：你们是平等的，还是上下级，抑或是客户与服务者的关系？

将你与谈判对象有关的这六个因素全部写下来，并回忆那些与每一个方面相关的例子，越具体越好。列举例子的时候，要注意将你的重点放在行为的描述上，而不是放在个性的表达、情感的宣泄上。这意味着，你要更多地描述事实，而不是个人的感受。

这一提前的计划会帮助你进一步确定，你是否真的想要与之展开一场谈判、你在谈判中应该将重点放在哪里。在每一个因素中都列举一两个例子，至少能够帮助你获得两个好处。

(1) 如果它们是无关紧要的，那么你很可能会在会谈以前，进一步检查自己的观点。

(2) 你所做出的具体行为会使对方将精力集中在他们可以改变的事情上，同时能够减少有可能引发的负面情绪。

3. 正式展开谈判

展开关系谈判需要特别的敏感度，按自然的顺序展开谈判，将会有助于你获得一个合理而公平的结果。在这一谈判过程中，REPA 谈判计划将会更好地帮助你。

（1）Relate——关系

在本身就有压力存在的关系中进行谈判，往往会形成紧张的心理暗示。在这种情况下，你应尽量创造合适的环境与氛围。比如，琳达就可以选择一个午间休息的时间与员工进行交谈，还可以提一些双方关系中良好、积极的方面——交谈时间不可太长，否则对方会因为不知道你的目的是什么而感到忧虑与紧张。

（2）Explore——探究

你应先确定你所关心的事情，并列举一两个你期望说明的例子，同时观察对方的反应。提问是一个比较好的选择，但是应避免刻意地这样做，因为会使对方感觉："他在审问我。"

建立起良好的关系往往是一个相互合作的过程，所以，你必须让你的谈判方也成为积极的参与者。在他的讲话过程中，你完全可以注意到一些重要的东西：你忽视了他的什么想法和举动？他为什么要做出某些举动？只要你能够关注到对方的需求、渴望、关心与担忧的问题，你们之间的谈判便能够向着积极的方向发展。

当你能够注意到双方立场与兴趣的差别时，你便更能够操控整个谈判进程。

（3）Propose——提议

当能够肯定双方相互理解各自的观点时，你便可以提出自己的目标，从而使双方的关系维持下去，甚至变得更好。

比如，若琳达的下属觉得自己未曾参与到部门的关键性决定中，但琳达又需要他执行自己的指示时，两人间往往存在着分歧。此时，琳达完全可以提出自己的建议："我知道你认为参与决定是积极性的体现，我也意识到，有时候因为情形的紧迫性无法与你展开协调。所以，下一步，让我们展开这样的做法：当我没有时间与你商量时，我会使用'紧急'这一关键词，这样你就会明白，它已经紧急到了没有时间讨论，但必须完成的地步。如果你无法确定，你可以问我：'这件事情紧急吗？'你感觉这样如何？"

采用提问的方式往往能够让你的提议变成建议，并成为接下来达成一致的基础。

（4）Agree——达成协议

如果对方有意见，他自然会与你展开讨论。当在底线的基础上达成协议以后，你们便可以结束这次谈判。此时，你完全可以用更积极的态度给这次谈判画上句号："谢谢你对我工作的支持，我珍惜我们之间的关系，并感激你愿意与我一起工作。让我们在下一阶段的工作中，共同努力完成这次会谈所达成的协议。"

这样的结束语不仅会使关系中的压力进一步减小，还借此进一步强化了关系中的积极面。在下一个工作回合中，你们将更容易合作。

画上圆满的句号

娄灵斯在一家小型公司担任会计工作。不久之前，一位客户毁约导致整个公司遭受了巨大的损失，老板的经济压力一下子重了起来。

两个多月以前，老板将一名专门跑腿的低级职员解雇，原因是这名职员总是在上班时间插科打诨。但在解雇他以后，老板发现公司里的人手不够用，而在公司的经济未好转以前，娄灵斯的工作量很少，于是他要求娄灵斯在上下班期间帮助他做寄信件、到客户那里取合同一类的杂事。

出于为公司分忧的考虑，娄灵斯答应下来。但是两个月后，老板又提出了新的要求，他希望娄灵斯能够在午饭时间担任起为公司人员订餐、取餐的任务。可是，娄灵斯不愿意这样做了，他的私人时间已经被占去不少，如今他不愿意再做免费的劳动力。

于是，他贸然地向老板提出要求："对不起，我认为那不是我的责任，而且，从今天开始，我只想做自己分内的事情！"可想而知，他的老板勃然大怒，并在公司宣称，娄灵斯是一个自私、不知足、不感恩的家伙。

在这件事情中，我们不得不说，老板的苛求的确是一个棘手的问题——娄灵斯的时间不断地被占用，还极有可能因为原本不属于自己的责任惹祸上身。这让他与老板、与整个公司的关系都处在紧张状态中。

虽然解决问题是如此急迫，但是娄灵斯完全没有必要当下就声称自己不再管"分外的事情"——既然他已经这样工作了很久，现在更没有必要如此鲁莽行事。抽出时间与自己的老板进行一下协商，再根据协调的结果采取下一步的措施，难道不是更好吗?

我们必须正视的事实是，不管是与老板、同事还是与客户进行谈判，你都有输掉的可能。既想自己的要求得到满足，又要维持原有的关系，这本身就是一件困难的事情。如果你的谈判已经到了"看不到成功希望"的那一步，那么怎样输得更好看便成为摆在眼前的问题。像娄灵斯那样的"双输"无疑是难看又难堪的，他不仅使自己之前几个月付出的辛苦化为乌有，也使自己在老板心目中"可共患难者"的形象消失不见。

不过，想要“输得更好看”说起来简单，但真正做起来却必须考虑多方面的因素。

1. 更谨慎地面对自己的谈判计划

一些谈判者会想尽一切办法让你自愿地输给他们。他们会巧妙地控制局势，并使你觉得即使在谈判中赢了也无利可图，甚至运用策略，让你认为输比赢更加划算。所以，在这一过程中，你必须学会运用自己的判断力设计目标，制订谈判计划。

(1) 谈判的内容对你重要吗

这可能是一个困难的问题,尤其当你想说“有一点”或“与什么比较”的时候。所以，你应试着换一个角度考虑这个问题：你是否准备通过谈判使自己的收获超过付出？如果你回答“是”，就证明这件事情对你来说是重要的。

(2) 你重视与谈判方的关系吗

如果你不重视与对方的关系，而且自己有足够的时间打击对方，或者你知道如果你输了，对方便会利用你的话，那么你当然会选择赢得谈判。

反之，如果你很重视与对方的关系，并认为使对方赢将有助于双方建立一种长久的关系，那么输了谈判当然更可取。

(3) 你的时间充足吗

如果你们之间的谈判没有明确的日期要求，你可以不用考虑这一点。如果临近截止日期，那么你便需要考虑一下：你剩余的时间足够你再做一次计划来赢过对方吗？如果时间不够，坦然地认输可能会更好。

2. 考虑输在什么时候

以下是几种最好选择认输的情况。

(1) 你并不关心到底发生了什么

当你不关心到底发生了什么，而且输掉这场谈判对你来说没有什么大的影响，但想要胜过对方却需要付出较大的代价时，你便可以果断放弃了。在这一过程中，你需要考虑人力、物力等多种因素。

(2) 你剩余的时间不多

当最后期限慢慢逼近时，主动放弃比花费时间寻求一个能使自己赢的办法更为实际有效。细致地勾画出双赢的协议蓝图需要花费大量时间，想利用谈判对手的失误而获胜就更费时间，特别是当对方拒绝放弃、不肯妥协时。

所以，当谈判的最后期限渐渐逼近时，输更为有意义，因为它是结束一项谈判并着手其他业务的最佳方法。

(3) 另有其他的大目标需要达成

你或许可以赢得某项谈判，但你会因输掉它而获取更大的利益。设想一位商人与一位愤怒的顾客，这位顾客想退掉刚过保质期的一件打碎的小瓷器，商人完全有理由拒绝接受退货，但如果他选择输掉这场谈判，显然更加有益——对方很可能会为自己带来更多忠实的顾客。因此，有意识地输给对方来保护一种十分有价值的关系，并为日后的发展打下基础，是一种非常明智的做法。

3. 让自己更优雅地输掉谈判

一个对自我商务形象非常重视的人永远不会表现出虚弱的一面——他们只会将自己所面临的一次失败看成是下一次进攻的开始，而且绝不会让自己输得很难看。优雅地输掉谈判真的是一门技术活。

(1) 确信你对谈判对象是真正了解的

立即接受对方的要求会让对方感觉你是一个容易被控制的人。在面对面的谈判环境里，你应该更加认真地倾听、询问，尽量多地掌握细节。

比如，娄灵斯完全可以通过之前对老板的判断来决定公司是否值得自己去做免费的劳动力，而不是贸然地提出意见。

当你处于非面对面的谈判环境时，慢慢地思考一些问题。当你被告知对方已收到提议时，请附上一张你想让对方给出回答的问题清单。

(2) 花时间研究对方的提议

当你与对方通过信件进行谈判时，这点很容易做到，你只需过一段时间再给出答复就行。

如果你处于面对面的谈判环境中，花时间研究提议就会困难一些，但你可以要求休息片刻，离开谈判桌，舒展你的双腿，同时抓紧时间研究提议。

休息时间的长短需要细致、准确地判断。你外出休息的时间长度应该足以使你完成研究提议，但也不能过长，避免不必要地惹怒对方。根据你对谈判环境与谈判对手的了解，合理地做出判断。

(3) 提出意见，并预判对方的反应

提出自己的意见，一方面是为了避免让对方认为你很容易操纵，另一方面也是为了争取自我利益最大化。不过，你要明白：你已经将这场谈判看成一个损失，所以不要要求太高，你的目标应该放在对方能否为了你而尽一些努力上。

在对方思考、行动的过程中，花一些时间来做决定，并以恰当的理由优雅地做出让步：向对方解释你已研究他的提议，并十分感激他的信任，然后列举协议中的可取之处。请指出每一个对双方都有利的事项，避免抱怨谈判不公平或威胁对方，并优雅地离开谈判场所——输掉以后再去抱怨与威胁，只会让你的商务形象受损。

不过，如果你事先已经知道你将输掉这场谈判，那么你可以坦然行事而不必有任何思想负担。

Tips：优秀谈判者的 12 个特质

如果期望自己成为一名优秀的谈判者，你便应该力求拥有如下 12 个特质：

* 你应有能力与其他组织成员进行有效的沟通，并竭尽全力赢得他们的信任；

* 你应了解规则，如产品的信息、谈判的差异点，并有能力得到进一步的正确信息；

* 你应有良好的商业判断能力，这种判断力将会让你认清并解决分歧、获知共赢的真正底线在哪里；

* 你应容得下矛盾与冲突，在面对冲突时不惊慌、不退缩；

* 你应有积极进取、敢于冒险的精神；

* 你应该在平日里更专心地训练自己，让自己变得有礼又沉稳；

* 你要有与内部人员进行密切沟通的能力，更要有与对方大胆交涉的勇气；

* 你应诚恳而正直，不好私利；

* 你应有出色的辨别力，它会帮助你一眼看穿隐藏在背后的、足够影响整个谈判结果的个人因素；

* 你应拥有出色的知识规划能力，能够根据己方占优势的知识与能

力做到全面规划；

* 整个谈判过程中，你要善于运用人力，一个人不可能打赢全部的胜仗，因此，你要利用团队与专家在谈判中获得优势；

* 你要培养自己的情商，它会帮助你在情绪稳定的前提下展示出自己出色的礼仪。

除了以上12个特质，你还应学会为自己开设“情感账户”。

谈判本身就是一个利益交换的过程，我们敢于将自己的东西拿出来与人交换，正是因为我们信任对方，对对方有一种安全感。所以，我们要在感情上为自己开设个人账户。以下六个方法，将会使你的情感账户不断增值。

* 多了解他人，少展示自己；

* 明确地阐明你的期望，将你期望达到的目标说清楚，绝不可含糊；

* 注意细节问题，最好把细节做到极致；

* 正直、诚恳，且始终如一；

* 信守承诺，一旦承诺，便立即兑现；

* 敢于承认错误，而不是遮遮掩掩。

当你往自己的“情感账户”上存的这六种“存款”越多，你在谈判中便越占据有利的位置。反之，那种粗鲁、无礼、失信的行为，将会大大地降低你的“情感账户”余额，它甚至有可能让你透支。而“情感账户”一旦透支，你的谈判便极少能够成功。

所以，在平日里，你应将礼仪培养重点放在“如何为自己多‘存款’、少‘支出’”上，以便让自己在需要时发挥出更重要的作用。

LESSON 5

展示得体行为，为自己的举止增添魅力

哈佛商务礼仪课的目的，是让个人给他人留下品位高尚、彬彬有礼的美好印象，并通过礼仪表现出自己在商务活动中专业的一面。但是，很多人对行为礼仪存在极大的误解，他们需要参照具体的形态，才能明白什么是恰当的行为礼仪。事实上，只要我们能够保持有礼、端庄与大方，便会给人留下魅力十足的印象。

别笑到脸僵

艾丽莎在参加公司宴会的时候，有幸认识了老总请来的重要贵宾——合作公司的采购部经理。负责引荐的部长显然是对艾丽莎抱有殷切期望的，在他看来，这位小姑娘虽然入公司不久，但是各个方面都非常出色，如果加以培养，势必会成为员工中的佼佼者。

在与合作公司采购部经理进行交流的过程中，艾丽莎始终面带微笑。说来奇怪，虽然艾丽莎一直在表现出友好的一面，但是对方却好像越来越没有交流的兴趣——十几分钟之后，对方借“去洗手间”离开了。

之后，当艾丽莎再想搭讪时，对方却好像有意躲着她一样。艾丽莎有些奇怪，但也有些放松——在与对方交流的过程中，自己的脸都快笑僵了！这样正好，自己可以放松一下！

结果，宴会后的第二天，部长便将艾丽莎叫到办公室说：“如果微笑不恰当，也会让人很烦恼。”原来，整个晚上，部长都在注意艾丽莎的行为。他发现，这个表面上看上去非常有礼貌的女孩总是刻意地微笑，而对于久经商战的人来说，他们太容易分辨出哪些是真正发自内心的微笑，哪些是虚伪的笑容。

从本质上来说，微笑当然是一个能够促进人与人之间情感交流的好方法——通过微笑，我们可以向对方传递出一种顺从、谦恭的信号。所以，每当有陌生人接近的时候，我们往往会通过对方的面部表情是微笑的还是严肃的来判断对方是否可以交流。

但是，艾丽莎的笑容无疑是不恰当的。不管在什么情况下，虚伪的笑容都是毫无诚意的，它只会让他人感到你是在敷衍或奉承对方，而我们也往往会对那些假笑的人抱以警惕。他们持续的假笑让人感觉害怕，看上去就像戴了一张笑眯眯的面具，但在面具下是真心还是假意，我们无从判断。

鉴于微笑具有让人放松戒备、消除敌意的积极作用，在商务场合中，我们依然需要利用笑容来为自己加分。只是，如果你能够在展示笑容的过程中更恰当地笑，那么你的行为举止将会更具魅力。

1. 少用带有抵触意义的微笑

哈佛行为学家在针对人类的笑容进行研究后发现，在社交场合中，以下笑容往往会让人感到明显的敌意或者抗拒。

(1) 抿唇笑

在微笑的时候将双唇紧闭，意味着你心中有不愿意与他人分享的秘密。心理学家认为，这种微笑往往表现为双唇紧闭、嘴角向后拉伸，形成直线，并将牙齿完全封闭在嘴中，它所代表的心理寓意在于：我不想与你交流或我不愿意与你分享我的想法。

(2) 歪脸笑

歪脸笑是指脸的一边肌肉收缩，但另一边却展示出看似微笑的表情。这一表情太有象征意义了，如果你在自己的合作伙伴向你讲述他的成功时这样笑了，他会很快发现你真实的情绪："天啊，他假装在聆听，事实上他在挖苦、讽刺我！"

如果在社交过程中遇到自己不喜欢但又不得不应付的人时，你往往会在下意识间露出这样的笑容却不自知，如果你能更少地出现这种表情，会给他人留下更好的印象。

2. 练习自己的微笑

如果你以为微笑只是咧咧嘴那就大错特错了！那些经常在商务场合行走的人往往很容易分辨出你是否真的在笑：自然的微笑会带动眼部肌肉，使眼睛周围产生细纹，但不真诚地微笑时，细纹只会出现在嘴角四周。

所以，如果你想要通过微笑展示出与对方交流的欲望，平日里就多对着镜子，练习一下自己的微笑吧！尽量让你的笑容展示出真诚，如果你需要面对一位难缠的客户，不如想一些比较好笑的事情，让自己发自内心地微笑起来。笑得自然的最好方法是随时随地都找出让自己开心的理由，之后再与对方打招呼——你真诚的笑会感染到对方，而对方也会因此喜欢上与你交流。

3. 别一直微笑

在刚刚遇到对方时，你很可能会用微笑来打破交流的坚冰，并以此来传递自己的友好，在这种情况下，轻松地将嘴角上扬，微微露出牙齿，微笑着打声招呼，对方往往会对你产生积极的印象："嗯，他对我很友好。"

但是，如果你们针对某个话题聊了起来，而这个话题本身又与幽默不太相关，那么你最好让自己变得严肃一些。一味地微笑不仅不会让人感觉你是在认真地聆听并对他的话题很感兴趣，反而会让对方心生疑惑："他到底在笑什么？我说错了什么吗？"

所以，请务必记住这一点：一直在谈话中保持微笑很容易让与你交流的人好奇你到底在笑什么。

4. 请更谨慎地微笑

哈佛大学心理系研究证实，人际交往中，微笑在不同的人群中出现的频繁程度也不一样。

(1) 在面对职位比自己高的人时，下级人员常常会面带微笑。

(2) 职位高或权力大的人在面对职位没有自己高的人时，只有在气氛友好的前提下才会微笑。

(3) 交往中，女性在无形中使用微笑的概率要远比男性高。

这决定了运用微笑来增进个人魅力的原则：在与那些处于优势或支配地位的人交往时，你不应总是微笑，而是应该尽量减少微笑的次数，或者根据对方微笑的频率调整自己微笑的次数——多笑则显谄媚，少笑则过于严肃。

而对于那些如果拥有权力或者本身比较严肃的人来说，期望自己更有说服力与亲和力的话，请不管何时何地都更多地微笑。

有一点需要格外注意：千万不要在微笑的时候眉毛上扬，除非对方只有 5 岁或者年龄更小。这样做只会让人感觉你想要殷勤地讨好对方，同时还会传达出一种焦虑的信号："我不擅长交际。"与微笑一样，焦虑也有传染性，这种行为将会大大地降低你的魅力。

把你的眼神用得更好

艾德华是一家国际公司的面试官，在一次对外招聘过程中，他遇到了两个同样出色的候选人。两人在之前的笔试阶段都表现得非常不错，在普通人看来，那位长相出众的女孩有更多的胜算，但艾德华却毫不犹豫地选择了那个看起来非常普通的女孩。

这个决定不仅让公司的人吃惊，也让那位长相出众的女孩有些气愤，她不敢相信这一切，非常不服气地问道："在我离开之前，我想知道，为什么你会做出这样的选择？"艾德华看着她，微笑着回答："小姐，首先我需要向你说的是，你不仅拥有聪明才智，学历方面也无可挑剔，而且长相很出众。但是，这些对我们真正需要的人才并不重要。我只能说，你的表现并不能让我完全满意。

"在你参与面试的过程中，你的话并不多，陈述工作经历时，我也丝毫没有看出来以往的工作经历带给了你任何值得留恋的地方。包括我在内，我们每个人都没有感觉到你的真诚——你没有和我们进行过任何的眼神交流，所以我们很难判断你是否有诚恳心意。而你身边的那个女孩不仅学历、能力很出色，而且在整个面试的过程中都在与我们进行积极的眼神交流。在她的眼神中，我们看出了诚恳。可以说，她的眼神告诉我们，她期望加入我们这样一个大家庭，期望自己能够在这个岗位上做出一番事业，而我们也愿意选择相信她。"

哈佛人文学教授迈可·桑德尔往往会在授课时大量地运用眼神交流，在他看来，这是获得学生学习反馈的重要渠道，也是自己了解授课情况的最直接方法。他可以从学生的眼神中读出他们的需求与真实的想法，更能够运用眼神交流的频率来进行课程内容的调整。

迈可的同事斯蒂芬·平克教授则在自己的社会研究中证实，眼睛的感知能力占据了身体所有感官能力的70%。事实上，眼睛不仅是我们认识世界的主要工具，也是表达自我的重要方法——从一个人的眼神里，你可以看到善或恶、好或坏、冷漠或积极、勇敢或怯懦。

你是否能够注意到这种眼神交流的重要性？掌握了眼神的运用技

巧，你不仅能够让谈话变得更加愉快，使对方产生兴趣，也会让对方更愿意与你对话。

1. 把你的眼睛放在正确的地方

与人交流时，我们必须关注对方的眼睛，一方面，这是一种礼貌，更是一个表示对他人尊重的方法；另一方面，我们也可以从他人的眼睛中获取他的内心信息。但是，那种直勾勾地盯着对方眼睛的行为很容易给人一种被监视感。

最好的方法是看着对方的眼睛周围，如眼皮、眉毛、鼻梁。这样，在对方看来，你的确是在关注他，而不至于因为过分热情让彼此感到尴尬。

同时，在说话时，我们也可以利用眼睛。当你说完最后一句话时，将目光移到对方的眼睛上，对方便会知道现在该他讲话了。这样，话题会自然而然地继续下去。

或许你还知道一些强势的身体语言，但不管是哪一种，都不可过度使用。在商务场合中，夸张的肢体语言只能破坏你的形象。肢体语言的过度丰富等于在自己身上贴了一张纸条，上面写着："我不够自信，而且我非常做作。"

2. 使用"5 秒对话法"

眼神的交流往往是心灵上的沟通，如果你愿意注视一个人的眼睛，证明你对他有一定的好感。但是，如果你的眼神总是在躲避对方，便很容易令人感觉到你并不愿意与他进行面对面的交流，而这些潜意识往往会在眼波流转间表现得淋漓尽致。

斯蒂芬教授在研究时发现，人们进行表达与沟通时，眼睛停留在对方身上的平均时长为 2.95 秒。在这一基础上，他提出了“5 秒钟对话”的概念——在 2.95 秒的基础上，再延长 2 秒钟，这一时间长度不仅会让你在表达的时候有时间看着其中一个听众的眼睛，对着他说完一句话，也能够让对方感觉你完全是对着他说的——这在一对多式的讲话中很容易让每个人都产生与你促膝长谈的感觉。

如果你肯实践一下，你会发现，当你运用这一对话法时，大多数的情况下，对方都会情不自禁地点头——他在潜意识中已经认可、回应了你所说的内容。

3. 面对数量不同的个体时

有时候，你需要一对一地展开对话；但有些时候，你很可能会因为工作需要而展开演讲或一对多式的对话。在这种时候，眼神的运用技巧便会出现分歧。

(1) 一对一式交流

一对一地展开对话时，保持眼神上的交流固然是好事，但若一直盯着对方，会使他感到不自在，从而产生想要尽快结束谈话的想法。

为了克服这一点，最好每隔 5 秒便打断一下眼神交流，但不要眼睛向下看——这一动作往往暗示着你想要结束这场对话。你可以向旁边或者向上看，就如同你想起什么事情一样。

想象你进入新环境时的样子，同时让你的眼球向上或者向两边扫视一下，这会让人感觉你正在思考，他们也会产生想知道“他在想什么”的欲望。

(2) 一对多式交流

与一群人交谈时，眼神交流更加重要，你需要从听众那里知道自己哪里需要调整，哪些话题是冷门、不应多谈。不过，你最好变得“博爱”一些，不要只盯着一个人看，否则会使其他人不愿意与你讲话。为了避免这样，你可以尝试在每一个新句子的开头将眼神朝向不同的人。这样，你便能够照顾到所有人，并使他们对你保持谈话的兴趣。

4. 倾听时运用“三角形法则”

如果你并非讲述者，而是身处倾听者的位置，直直地死盯会使他人说不下去。“三角形法则”的好处在于，它使你一直在关注对方，却让对方没有“被侵犯”的感觉。

在倾听时，看着对方的一只眼睛，过 5 秒钟后，将视线转到另一只眼睛上，再过 5 秒钟，再移向嘴——在两眼与嘴巴间，保持三角形的移动。

当然，如果你在认可对方的观点时，恰当地说一些“嗯”“对”这样的词汇，那么对方便会感到你正在认真地倾听，从而对你留下好印象。

如果你在酒会、宴会上遇到某个人，但你不想泛泛而交的话，那么使用眼神与他对话吧。当对方说话时，适当地微笑，并适当地抬起眉毛。这样，你便使用了最有效的面部表情来与对方对话。不过，前提是你对着镜子练习过抬眉毛的动作，并选择了最合适、最能令人产生好感的那一种动作。

5. 发生争辩时

想要在争辩中获得技巧性的胜利，往往需要重视起眼神的威力。如果你在争辩的过程中眼睛盯着别处，那么你便输了一半。所以，总体来说，你要保持自己的目光注视对方，并在眼神中透出坚定——当对方说话时，注视对方，与对方进行眼神接触，观察其语调、神色。若对方想要激怒你，就直接保持沉默——眼睛注视对方，这是一种“在沉默中胜利”的极有效途径。

运用眼神与听众交流时也有明确的禁忌。

(1) 含有敌意、轻蔑的眼神往往会激起敌意与愤怒。

(2) 只看物、不看人的对话就如同把头埋在沙堆里的鸵鸟，会让自己陷入被动状态。

(3) 过度快速地移动眼神，会让人感觉你缺乏安全感。

(4) 长时间盯着一个听众，不仅很容易让当事人反感，还会引发其他听众的不满。

只要你恰当地运用眼神，便能够成功地激起凝视效应：当你专注的目光投向某人时，对方会有心跳加快的兴奋感，而这一生理反应与我们坠入爱河时的生理反应是一样的。所以，适当地调整与他人眼神接触的频率吧！这样，不管是在普通的职业还是专业的商务社交场合中，你都会获得人们更多的好感。

用上肢语言帮助你无声制胜

罗米受上司指派培养一位新员工，据说该员工笔试时在日语写作中表现得非常出色，因此，以日本高端客户为市场的公司决定让经验丰富的罗米好好地栽培这棵好苗子。

在路上时，罗米嘱咐这位名叫可丽斯的女孩一些注意事项，而对方也认真地记住了。但是，在与日本客户会面的时候，罗米却发现，可丽斯表现出了很不专业的一面。

当时，罗米为了让客户认识可丽斯，特意将她的座位安排在与客户比较近的地方，而罗米自己则坐在离客户较远的位置上，以使她有更多的机会与客户正面打交道。这样的位置安排使得客户在谈话过程中非常自然地将注意力集中在可丽斯的身上。

可丽斯因为太过紧张，整个过程都保持僵硬、不动的身姿，她一直在直视着客户。而当客户的眼睛与她相对时，可丽斯又立即躲开，就如同她做了什么亏心事一样，这让客户非常困惑，他不得不将自己的交流重点转移到罗米的身上。

结果，这次与客户商议事情的主角变成了罗米，而这次活动的主导者原本应该是可丽斯。事后，罗米问可丽斯为什么保持那么僵硬的姿势，她有些不好意思："我害怕给客户留下不好的印象。"但很明显，客户已经表现出对她的不喜爱。

的确，不管是在商务会谈还是在闲谈的过程中，过分地抖动身体或者腿部，都会让人感觉讨厌。一来，这一动作反映的是控制力与能力上的不足；二来，也令人感觉这个人不够重视交谈。但是，生硬的坐姿、站姿只能证明一件事：你不仅非常死板、沉闷，而且内心死气沉沉，没有活力与个人魅力。

可丽斯的最大错误就在于，她未能将自己的身体激活，使它变成自己的潜在交流信号。哈佛大学教授艾米·库迪是一位行为学专家，她的研究主要集中于在不同的感受与行为下，人们的身体语言会出现怎样的变化，以及它们会带给别人怎样的感受。

库迪教授认为，之前有心理学家所提出的"身体会说话"的理论的确存在，在人类沟通中，语言传达的信息最多不会超过 7%，55% 以上的信息是由肢体语言传达的，这使身体语言的重要性被提升到礼仪的另一个高度上。

在研究中，库迪教授证实，如果持续保持所谓的“强势姿势”长达两分钟以上，那么你的身体便会自然而然地产生一些化学变化，而且会变得更加自信。同样，在与客户、同事交流时，保持强势的姿势，能够让他人感觉到你是一个值得托付的人。

在库迪教授的研究中，她认为，除了平日里要保持抬头挺胸的姿势，以下几个姿势的有效运用可以使你在商务场合中表现出更有礼貌且不乏个人魅力的一面。

1. 使用经典强势姿态：打开你的双臂

当你将双臂交叉抱在前胸时，不管在哪种文化里，都是一种明显的自我保护暗示。这一姿势将会提示他人，你对事情不够确定，或者你感觉周围不够安全。它的直接后果是，别人进不来，你也出不去。通常情况下，这样的防御性姿势只会引发他人的戒备心理，这显然不会对你在商务场合树立起良好形象有帮助。

我们经常看到，有些管理者习惯双手交叉于背后，这样的姿势显得极有信心与气势。不过，如果你面对客户或者上司时采用这一姿势，会显得你不够谨慎与谦虚。相对来说，开放性的肢体语言将会增加你的放松程度，同时会使你表现得更加容易让人亲近，如双臂自然地下垂。

最经典的强势姿态莫过于将双臂打开，并向外扩张。艾米的研究证实，这一姿势不仅可以令使用者的身体发生化学变化，增强自信与激素，还能够令人感到积极的强大气场。当站在演讲台上，为客户或公司同事演示有关新计划的演示文稿（PPT）时，运用这一姿势将能够大大地提升你的成功可能性。

不过，如果你是一个内敛的人，并认为这样的开放性姿势侵略性太强的话，你不妨将双手在腰下交叉。

2. 管好你的双手

双手是另一个会泄露你内心秘密的所在，展示自信的另一个技巧就是，正式场合中，不要将你的双手插入口袋。当对自我不确定或者感觉不舒适时，我们会将双手插入口袋——这会让人感觉到你的紧张与不安。让你的双手放在口袋的外面，这暗示着你的自信，它将使别人明白，你没有什么可以隐瞒的。

最好的方法是，站立的时候，试着让手部自然地贴在大腿的外侧，这是一种自然而自信的姿势。如果你在会议上，一只手拿一支笔，另一只手自然垂放，则可以显示出你的积极与对工作的认真。

当然，在社交场合，你可以不这样做。在酒会或与朋友交谈时，一只手端着酒杯，另一只手插入口袋，会显示出你对环境良好的适应。

另一个需要你注意的问题是，不要总是用你的手东摸西摸。一个不能保持安静、总是在做小动作的人，很容易让人感觉你是一个不自信、不专业的人，而始终保持你的手部是处于控制中的状态，可以表现出你的冷静。

3. 将你的上半身自信地展示给别人看

在商务会议中，自信的人往往更能够获得胜利，由于下半身隐藏于桌下，能够被充分利用的只有你的上半身。

在做以下动作时，你在别人眼里是拥有魅力而积极的。

(1) 自然地伸展手臂

伸展手臂是源自大脑的放松，它所表达的意思是：“我非常自信。”所以，不要将你的双手放在膝盖上，将它们放在桌子上吧！让它自然地接触一些东西，或者只是单纯地放在椅子扶手上，并使后背靠于椅子上，整体的放松将会帮助你呈现出胸有成竹的样子。

(2) 手指张开，指尖按在桌子上

如果你需要站起来发表自己的意见，采用这一动作是自信、权威的表现：“我对自己的观点非常坚持，而且我相信它会成功！”

(3) 手指张开、十指相对竖立

将你的双手十指张开，然后做出与合掌相似的动作，但是十指不交叉，手掌也不相互接触——这一动作所表示的是你对自己高度的肯定。在表达自己的观点时恰当使用这一动作，你的可信度将会进一步巩固。

不过，在会议中，有很多人会选择将双手放在桌子下面或者在十分低的位置上做出自信手势，这使他们原有的自信被大大降低——如果能意识到上肢的力量，并将它们运用到坐姿中，那么你的自信将会大大提升。

管好你的下肢，你便能留下好印象

福罗克叉开双腿坐在椅子上，一只手端着自己的酒杯，另一只手则在桌子上不断地点击着，坐在他对面的是另一家公司的主管克里斯。克里斯虽然满脸的笑容，但他一条腿搭在另一条腿上，而他的脚尖正指向离自己最近的一个出口。

当克里斯准备再与福罗克针对业界行情深入交流一番时，他却发现，福罗克站起身，说自己要离开了。这让克里斯非常惊讶：刚刚福罗克还说好不容易与自己相遇，一定要好好地坐下来交流一下，怎么此时又突然说要离开呢？

正纳闷时，克里斯的同事过来了，他笑着对克里斯说：“刚刚那个男人一定很不想与你交谈吧？”克里斯有些惊讶：“你怎么知道？”“因为你的全身一直展示着紧张、消极的身体语言。”

此时的克里斯才明白过来，原来是自己的动作让福罗克走开了。

戴维·麦克利兰不仅是哈佛最出色的心理学家之一，也是哈佛最有名的行为学家。他在 2011 年专门进行过一项针对个人行为的研究，而这项研究证实，有时候我们往往会将注意力过分集中于头部，而越是远离头部的身体部位，我们便越不关注它。

比如，在大部分时间，我们都会对自己的头部行为非常在意，并会有意识地对头部姿势与面部表情进行控制。很多情况下，我们甚至会通过反复的操练熟练地掌握一些事情。比如，假装若无其事的样子、表达自我反对态度的眼神、强颜欢笑等。

可是，除去头部动作，我们很少注意到其他的积极身体语言，更不要提腿部了——在交际过程中，除非接受过专业的训练，我们几乎会完全忽略腿部的动作。而这就意味着，如果我们在商务场合中更多地利用包括腿部在内的积极的身体语言，就能够建立起更积极的个人形象。

麦克利兰教授指出，在人类进化过程中，腿的主要功能分为两种：让我们持续前行和在遇到困难时积极地逃跑。所以，我们的大脑在潜意识中直接关联着这两种基本的目的：走向自己想要的、远离讨厌的。但是在商务场合，这种潜意识中的行为对于我们的商务目的显然不一致——如果坐在你对面的是决定你一年收入的主管，那么不管是不是畏惧他的威严，喜不喜欢他的为人，你都需要保持积极的姿态与他交往。

在这种情况下，以下几点可能会帮助到你。

1. 多用不交叉的腿部动作，让身体微微前倾

女性双腿不相互交叉，男性腿部自然打开，表现出的是一种开放、处于支配地位的姿态，而交叉的姿态则表现出没有把握、保守的一面。

事实上，如果一位女性不愿意与面前的男性交谈的话，她的双腿永远会保持交叉状，而且身体微微后倾——这是在发出“我不允许你靠近”的信号。

2. 少晃动双腿

既然腿部与双脚是丰富的信息源，那么势必会有越来越多的人不断地关注下肢动作。在会议场合上，你或许会假装镇定自若，但是你很可能在无意识时利用双腿的抖动来转移自己的注意力。在内心不安、焦躁、不耐烦、内心紧张时，这一动作往往会出现。

商务场合中，抖动双腿是一种非常不雅且失礼的行动，若你让跷起的腿如同钟摆一样地打秋千也是一种非常难看的动作。

抖腿多是平日里没有养成良好的坐姿导致的，如果在平日里有这一习惯的话，那么你便应该在日常生活中有意识地训练自己。在感觉不安时，做深呼吸、端起水杯喝口水，都可以使你的不安情绪得到缓解。

若你在下意识间已经抖腿，而他人又注意到的话，你应调整好自己的坐姿，并用眼神向对方表示歉意，或者直接向对方说一声“对不起”。

3. 不要让脚踝相扣

如果你与对方采用坐姿，那么男性最好保持双膝敞开，女性则应尽量并拢双膝，使双腿间的缝隙减小。麦克利兰教授在研究中发现，一旦脚踝相扣，此人内心便是在做“紧张”的潜意识行为。

你或许会因为害怕、恐惧，甚至是缺乏把握而做出这个动作，但是对方却很容易发现自己的说法并不能博得你的赞同，哪怕你不停地说：“不错不错，我也是这样想的！”此时，要控制住内心的想法，将自己的双腿自然地伸向前方。

4. 让你的脚尖指向你渴望交流的那个人

在心理学界认可这样的说法：脚尖朝向的方向，就是内心所向往的方向。因此，我们在欣赏那些西方中世纪的精美画作时可以看到，那些拥有高贵身份的男主角总是保持着脚尖微微分开的姿态，因为这样的站姿可以使他们展示出自己精美的袜子、裤子与鞋子。

而且，这一姿势往往会让我们看出一个人到底想要走向哪里。不信的话，你可以在公司聚会时看一下，我们伸出的脚尖，总是会朝向最吸引自己或最有人格魅力的那个人；但当我们迫切地想要离开时，我们的脚尖会不自觉地朝向离我们最近的那个出口。

所以，交流中，不要再固执地以为你的脚尖没有任何用处，让它大胆而自然地指向你的谈话对象吧——在与他面对面地交流时，你的脚尖往往最能体现出积极的心态。

5. 女性：警惕“短裙综合征”

商务场合中一般不会允许女性穿迷你裙一类的短裙,原因不言自明。不过，很多女性往往依然会保持双腿交叉的坐姿。但这样的坐姿不仅会让你显得更加拘谨，还会让他人误读为防备，从而在与你打交道时显得更不自然。

事实上，迷你裙出现在正式场合时的确会令人感觉不安。所以，换下你的短裙吧！在穿着其他样式的裙子时，让自己闭合膝盖，双腿自然靠向一方，脚尖朝向对话者。这样，你既能保持女性的优雅，又能避免被误会的可能。

你或许会对腿部动作嗤之以鼻，并认为有关它们的论述都是无稽之谈，而你在做某些我们所讲述的“负面动作”时也的确只是为了舒服。

但是，请记住：这些负面的姿势只有当你是消极的、戒备的，或者是有所保留的状态时，它们才会让你觉得舒服。

在商务场合中，一个消极的腿部动作看起来微不足道，但它却会增强或者延续你的消极态度，其他人也会因此而认为你是一个习惯性担忧、戒备心强甚至是凡事不上心的人。所以，积极地学习开放的腿部姿态吧！这样不仅有助于增强你的自信心，同时还能够让其他人对你产生更积极的印象。

无意识的小动作最毁形象

丽莎代表公司参与一个非常重要的商务洽谈，这个项目是她考察了很久且非常看好的一个项目。因此，一大早她便做好了各项准备工作，服装、发型连带合同等各种细节，都非常仔细地检查了一遍。

10点钟，双方洽谈正式开始，但是丽莎的情绪却变得焦躁起来——对方的一个主谈人员时不时地抖动着双腿，这让丽莎感觉非常难受，她再也没有与对方交流下去的欲望，而是只想快点结束这次洽谈。

丽莎心里很清楚，对方未必是在故意地抖腿，可是这种动作在她看来是非常失礼的。本来可以顺利成功的合作，却让丽莎在艰难的心理斗争中挣扎了很久，最终还是没有结果。这让丽莎非常恼火，而对方很可能到最后也不知道原本十有八九可以成功的合作却失败在一个小小的无意识动作中。

近些年来，随着商务礼仪的不断正式化，越来越少的人在规范性礼仪上出错。但是，我们依然会时不时地遇到一些微小却令人心情烦躁的失礼动作。它们的共同特征总结起来仅仅有四个关键词：小动作、无意识、难纠正、坏结果。这些失礼的小动作往往会使原本完美的商务活动打上既尴尬又令人难以启齿的烙印。

所谓的小动作往往在现实生活中被归纳为习惯性动作，如抖腿、甩头发、啃指甲等一些看起来非常平常的事情。但是，现实生活中习以为常的行为一旦出现在正式的商务场合中，便往往会演变成不尊重他人、不雅观、不文明的行为。

这些令人难堪的小动作通常在个体无意识的状态下发生，个体在做这些动作时毫无感觉，也往往会忽视这对于周围的人会产生怎样的影响。但令人颇为苦恼的是，虽然这些动作无意识、幅度不大，但是它们都是顽疾，都是当事人多年以来养成的坏习惯，若真要改起来有相当大的难度。

无意识的小动作不仅会让你的个人形象受损，也会给周围的人造成极大的心理压力，使原本顺利而美好的事情变得艰难与糟糕起来，甚至发展到无法挽回的地步。

1. 不断地搓手

处于压力与怀疑状态时，人们往往会轻轻地使用一根手指摩擦另一只手的手掌；当压力增大时，这一动作会更明显，并会演变成十指交叉摩擦。这是一种自己正在苦恼的信号，如果你的对手察觉到它，你的内心世界便会被发现。

类似的动作还有十指交叉紧扣——手部用力越大，你承受的压力就越大。对于这一类小动作，最好的方法就是给自己的双手找个东西握，如果你正在开会，不断地记录东西是一个不错的方法。

2. 抚摸颈部

有些人习惯在发表观点以后，使用自己的手抚摸颈部，这一动作看似不经意，但其实是在暗示对方："我的压力很大／我很不自信。"这是一种普遍发生、强而有力的小动作，说明大脑正在积极地处理消极的情绪。

这一动作多是在下方的手部向上运动，所以往往极难规避。唯一的办法就是，培养起自制力，在紧张的时候尽量找其他不容易被发现的小动作来代替。

3. 当众整理服装或妆容

当众不停地整理自己的服装或者拨头发是一种不自信的表现，你很可能在要去见一位重要的客户时担心自己会在服装上出丑，而导致下意识间不断地做出某种不当的动作。但是，他人不会看到你的重视。在他们看来，这是一种不够专心、不尊重他人的表现。

对于这一问题，最好的方法是，在出席正式的场合、面见重要的人以前，先检查一遍自己的服装、妆容，确保每一个环节都没有问题，并让心情尽量放松下来，同时在心里暗暗地告诉自己："我已经足够好，不需要再担心！"多锻炼几次，特别是在顺利完成工作后，强调一次自己的出色，你的自信心就会慢慢地建立起来。

如果你感觉自己的服装出现了问题，或者感觉妆容花了，需要去补一下的话，应该首先镇定下来，选择一个恰当的时机去一趟洗手间——在足够私密的地方进行整理，方能体现出你应有的修养。

4. 撕咬指甲、抓耳挠腮

在商务场合中进行此类的小动作，不仅会造成他人的困扰，也会让人质疑你的能力——他真的成熟到可以接受这一重任吗？

心理学家认为，平日里习惯做撕咬指甲、抓耳挠腮一类动作的人往往是因为在当下感到烦闷与紧张，而其根源很可能是童年时代受关注度不足、安全感不够——这些习惯多是在童年时代养成的。也正是因为其养成过程复杂，所以戒除这样的动作也往往很困难。

你首先必须确定自己在怎样的情绪下最容易出现这样的动作。在当下,你可以针对自己的这些不良习惯设计一些强硬性的克制方法。比如，在开会时强迫自己记录下重要的语句，女性则可以为自己涂上无色的指甲油。

此外，你可能还有喜欢不停地掰手指节、拍打头部、摆弄饰物的习惯。在正式的商务场合中,虽然这些动作在无意识间出现的可能性很小,但是同样会抹黑你的形象。你应尽量让自己戒除这些行为——鉴于这些行为往往是在无意识中出现的，而你很有可能并未意识到它们给他人造成的困扰，你完全可以向亲密的同事、朋友请教，让他们来告诉你，你的哪些小动作是有损个人形象的。

发表观点时，采用正确有效的手势

奥威尔还记得自己的首次登台演讲，那是公司内部训练新员工时的必备课，他的主要工作是为客户讲解相关的产品信息，所以他必须学会更有效地演讲。

在学校时，奥威尔便已经了解肢体语言的重要性，但是直到如今，他才真正有机会让自己运用到这些肢体语言。在台上开讲后，奥威尔发现，台下很多同事都抱着友好的态度，这让他感觉非常不错，他可是为了这场演讲演练了好几天呢！

令人意想不到的是，奥威尔的上司给了他一个很低的分数。这让他非常气愤：“我感觉自己做得很好，为什么分数这么低呢？”上司说：“不如问一下下面的同事吧！”同事们大笑起来。原来，奥威尔在台上过多地运用了手势，这非但没有让他的演讲变得更有激情，反而使他像一只正在努力显摆自己的猴子，只有猴子才会频繁地运动手臂引起他人注意，难道不是吗？

在商务表达中，手势对于强化观点、引发注意力的作用非常大。但令人遗憾的是，很多人并不懂得如何正确地运用手势，再加上中国人生性内敛，不管是在演讲还是在与人对话的过程中，他们都会忘记可以通过手势表达自己的观点或引起他人的注意。

哈佛积极心理学教授埃伦·兰格认为，手部动作在中国被运作的频率远远不够，它原来应该是人们在商务场合中最常用的肢体语言，通常会透露出许多重要的信息。其实，如果我们留意观察便会发现，一些国家领导人、企业管理者在进行自我观点的表达时，多会使用强势的手势，这种手势不仅表达了他们的自信，也使他们在悄无声息间达到了聚拢人气的目的。

奥威尔之所以会使用手势，也正是基于对手势重要性的了解，但是他在运用过程中却犯下了手势过多的错误。鉴于手势运用在中国商务场合中还欠缺完整的体系，在运用过程中，你必须遵循三个表达原则。

1. 尽量自然、放松地运用手势

兰格教授指出，在表达自我时，应运用自然、放松的方式，同时尽量让自己的手掌向上摊开。这种手势与人类发展的历史是紧密相关的：在远古时期，人类最主要的武器就是石头，当你抓着石头时，你一定会先握紧拳头，甚至还有可能将手藏在背后。若你以这样的姿态走向他人，只会让人感觉你对他怀有敌意，在这样的判断上，他很可能会进入战斗还是逃跑的思维模式中。如果你反过来，面带微笑地自然放松双手走向对方，那么他会更容易接纳你。

斯坦福大学也曾经针对这一理论进行过研究，他们请三个不同的演讲者在演讲相同内容的过程中使用三个不同的手势：掌心向上、掌心向下、握紧拳头。结果发现，掌心向上者的支持率最高，支持率最低的是握拳者。这也充分证明，在表达自我、公开演讲的时候，我们应该尽量采用张开的、向上的手势，少用甚至不用向下、握拳的手势。

2. 别为了做手势而做手势

失败的演讲者往往会单纯地为了做手势而做手势，但手势运用得不当往往会造成负面效果。可是，如果你能够在表达观点时恰当地运用手势到相关区域中，那么对于你的演说会更加有利。

兰格教授将人体分为三个区域。

(1) 肩膀以上的区域为上区

在陈述观点时，若所描述的是全局性的、宏观性的思想，或者整体的构思框架、重要的观点时，你的手势便自然需要放到上区进行配合。

(2) 肩膀到腹部为中区

在陈述事实与数据、说明正确的事理时，你最好将手部放于中区位置，而且手势的幅度在这一阶段不应太大。

(3) 腹部以下为下区

下区往往在商务场合中较少运用，它多用来表达一些厌恶、憎恶的内容，而且它所引发的负面感情往往极深。

3. 表达的时候，手部不要有太多小动作

身为专业的商务人士，不管是在何种场合进行表达，你都需要尽量避免玩手机、转笔、摸耳朵一类的小动作。它们不仅会让你显得非常不专业，也会使听众的注意力被大大地分散。

此外，你应尽量不要将双手插在裤兜里、双手交叉抱于胸前或背于身后，这些都是不当的行为——它们会让你显得既傲慢又高调，也会让他人在不自觉中产生想要远离你的想法。

在明白手势运用的基本原则以后，你还需要了解如何才能更正确地使用手势，以避免产生像奥威尔那样的错误。

(1) 适当使用

手势运用过于频繁的确会让人感觉你过于张牙舞爪，而且会喧宾夺主，使有声语言的主体地位被极大地削弱。更重要的是，如果你多次重复一些毫无意义的手势，只会使你的手势原本应引发的心理积极效应极大地减弱。

一个发自于内心的、积极的手势，有时要比千言万语还有价值。所以，你应尽量多控制自己的手势，将它运用得恰到好处、恰如其分。

(2) 手势应到位

有时候，你很可能会发现自己的手势过于匆忙——在手刚伸出去还未展开时，就急着收回来，过小的幅度不仅会让人不舒服，还会让人感觉你只是在敷衍。

手势的收放应有力而自然，在手势到位以后，应有一两分钟的停顿，使听众看清楚你做了什么手势，你期望表达什么样的情感。当然，动作的幅度也应视情况而定：若空间大、人数多，你的手势便应尽量大气一些，反之则应小一些。

(3) 使用那些最适合你的手势

每个人都有自己的风格，在运用手势时，你应让它跟上自己的语言，并使用那些最能够体现自我风格的手势。

你很可能会因为想要学习他人的成功经验而模仿他的手势，但那种过分的模仿对你并没有帮助。乔布斯是世界上成功使用手势的人之一，但是你永远不能成为他，一味地模仿只会让人质疑你的可信度。

你的手势应与你的性格相配，如果你没有把握的话，你甚至可以考虑少用甚至不用手势——做出笨拙的、令人分心的手势只会让你的影响力被削弱。

在闲暇时分，对着镜子练习使用手势，或者请朋友指点一二，你的手势语言将会更快地进步。

让站姿带给你强大气场

在公司培训新员工时，约瑟夫发现一件非常重要的事情：或许是因为刚刚从书桌前解放，有好几位新员工在站立的时候都给人一种有气无力的感觉。

他问这些新员工为什么会采取那么不谨慎的站姿，他们反而有些惊讶："这个很重要吗？我们平日里都是这么站的啊？"新员工已经完全习惯跟随身体的本能去活动，所以在听到进入职场连站姿都需要调整时自然会惊讶不已。

约瑟夫摇了摇头："我们所从事的是保险行业，需要通过自己的一举一动带给顾客安全感与可依赖的感觉。试想一下，如果一个向你推销保险的人表现出漫不经心的样子，走路的时候一摇一晃，还总是眼睛下视的话，你会有什么样的感觉？”

一位新员工说道：“我决不会将自己的钱交给他！”

约瑟夫知道，只是言语上告诉他们站姿的重要性并没有作用，于是他嘱咐新员工，第二天他要请几位杰出的老员工为他们讲一些入职后的做事技巧，他们需要格外地留意对方在演讲时的站姿。

次日，几位优秀的老员工站到台上，新员工真实地看到一个正确的站姿所带来的魅力：除了自信的姿态，那些出色的人还通过挺拔的站姿表现出了强大的气场。

身体语言学是在20世纪80年代发展起来的学科，这一学科的发展使许多商务人士掌握了新的魅力艺术。这种魅力所产生的影响力显然是震撼性的：自从这一学科被广而告之以后，我们才发现，成功者总是在使用同样的姿态走路。

哈佛大学一位出色的商务学教授在谈及自己对学生的偏爱时，他毫不掩饰：“我承认在某些方面有特别的偏向并不是一件好事，但是在商务领域中，如果非要选择的话，我会更愿意选择那些从一些小事便能够表现出气场的人。毕竟，商战可不是儿童的角色扮演游戏。”

在进行哈佛经理的训练时，仪态老师会让每一位学员尽量表现出气场强大的一面。其实，如果我们留意身边那些成功的商务人士便会发现，他们的行为与内在的气质往往体现在细节上，而走路与站立的姿态恰恰是两个最能够体现气质与魅力的要点所在——无论何时，成功者总是能够做到挺胸抬头，自然地突出自己的优势，以最闪亮的外表来征服他人。

如果你是一个弓腰走路的人，而且习惯于低头走路的姿势，身体僵硬且保守，那么，不要说你的客户，就算是最有包容力的同事也很难与你合作，他们更愿意选择能够让他们安心的人。

哈佛心理学家丹尼尔曾经对全世界人的站姿进行过归纳，并具体分为七种。

* 挺直脊背，胸部挺起，保持双目平视；
* 弯腰曲背，整体呈现出佝偻状；
* 双手叉腰站立；
* 双腿交叉站立；
* 将双手插入口袋站立；
* 倚靠墙壁或者其他东西站立；
* 背手站立。

不管面对的是什么人、在何种场合下，我们大多会在以上七种站姿中甄选一种。而这七种站姿代表了不同的气场，换句话来说，你所挑选的不仅仅是站姿，更是你个人的气场。

你可以详细地了解一下，有关这些站姿所代表的具体气场是什么，它会帮助你在工作中更好地运用站姿来培养个人魅力。

1. 挺直脊背，胸部挺起，保持双目平视

哈佛学子、当代作家丹福思·威廉曾这样描述："当我经过一个昂首挺胸、放平肩膀、收腹、收下颌的人面前时，对我来说，他是一种激励，我也会因此而不由自主地站直。"事实上，如果在站立时，采用了丹福思的建议，你的站姿将会变得更有魅力。

如果你并非突然而刻意地伪装自己站成这样，这种站姿则能够表明你拥有强大的自信，而这种自信可以给他人留下乐观、积极的印象，同时会认为你比一般人更有气场。在商务场合中，它们会让你变得更有人气，人们会更愿意与你交流。如果能够在接下来的交谈中证实自

已的确是自信而乐观的人，那么你的职业发展将因此大受裨益。

2. 弯腰曲背，整体呈现出佝偻状

如果突然采用这种站姿，大家会认为你受到了沉重的打击。你可以在家中尝试一下，当你这样做时，妈妈肯定会过来安慰你。

如果在大部分时间里都采用了这样的站姿，那么你在他人眼里便会呈现出意志消沉、自我防卫意识过强的形象。更重要的是，它会表明你现在在精神上处于劣势。若经常以这种姿势面对自己的同事、上司或者是客户，你将难以找到主角的感觉——更多的时候，你展示出的是一位仆人、随从者的形象，虽然你心里并不乐意自己变成那样。

你期望改变、期望从配角变成主角吗？那么，直起你的腰吧！

3. 双手叉腰站立

这是个人具有强大自信心与精神上占据极大优势时会使用的站姿，它所产生的气场极为强大，使人在任何领域都可以一眼发现：“啊，他已经胜券在握！”所以，你会发现，一个人在面对自己完全可以控制的事情时经常使用这种姿态。有时候，非常自信的人也会使用这一动作。

当然，如果你需要与客户就某一合作问题进行商谈的话，最好将这一姿态从自己的行为中剔除，因为它太有气场，往往会给人带来攻击性过强的感受。所以，在严肃的商务谈判场合，最好不要使用它。

4. 双腿交叉站立

在采取这一姿势时，很多人会选择靠在办公桌或者墙壁上，这是一种表示自己持保留态度或轻微拒绝的意思。它同时也是缺乏自信、感觉

到被拘束的行为，过度轻率地使用这一动作会让人在与你交流时感觉到淡淡的冷意，并就此产生不适感。

5. 将双手插入口袋站立

双手插入口袋与人交流其实是一种成熟的表现，在社交场合中，我们往往能够看到，一位成熟的男性一手端着酒杯，一手插兜与人对话。可也恰恰是这种动作表现出个人的过度成熟，所以它很容易让人联想到，你是一个习惯不裸露心思的人，因为只有在社交场合混迹许久的人才会想到使用这一姿势。

很明显，如果你期望留给别人真诚、可信的印象，那么还是乖乖地把两只手拿出来，自然地让它们垂放在腿边吧！

6. 倚靠墙壁或者其他东西站立

这是一种非常随意的姿态，经常使用这种姿态的人往往具有比较坦白、易于接纳别人的特点。在平日与同事聊天时，你可以时不时地采用它。但是，在正式的商务交际中，使用这种姿态只会让人感觉你是一名失意者，认为你没有实力，进而不愿意再与你深入交流。

7. 背手站立

背手站立的人有两种：保镖与领导者。这两种人皆是自信心很强、善于把握时局的人，而且他们一般都有较强的气场与操控力。

不过，需要注意的是，如果你是一位需要建立起亲和力的管理者，或者一位平凡的上班族，最好减少使用它的频率——从某种意义上来说，这种姿势真的很难引起好感。

如果可以的话，你应尽量选择能够展示强大气场的第一种站姿，这种站姿不仅大方而坦然，且没有逼人后退的强迫性与攻击性。如果可以，在生活与工作中，你应尽可能地使用这种站姿，它所表现出来的气场既不会矮化你，又可以让人感受到你的真诚与魅力。

Tips：关注你的嘴部信息

嘴部动作反馈出来的有价值的信息往往会被人忽视，在商务场合中，那些最有经验的人往往会通过嘴部动作来判断他人的真实意图。所以，关注你的嘴部信息，尽量避免负面的动作出现，对完善你的商务礼仪也会有积极的帮助。

1. 不要咬嘴唇

当我们咬嘴唇的时候，往往是压力增大、愤怒增加的时候，在摇头的时候咬嘴唇更是一种敌意的展示。在自己做错事情时，我们也可能会做出咬嘴唇的动作，此时“咬”变成了一种自我惩罚。

2. 别用手遮嘴

中国自古就有“说谎心虚者会捂嘴”的说法，在商务场合中，如果你在与人交流的过程中突然用手遮嘴，往往会让人感觉你是在说谎，能造成类似感觉的动作还有将手指放在嘴唇上。

3. 噘起嘴巴说话

这是一种非常常见的攻击性动作，它表示你对他人所说的话语不满，而且随时有可能进行反击。同时，它也是一种自我保护、自我防卫的心理暗示。

4. 不自觉地舔嘴唇

交流的过程中不自觉地舔嘴唇，很容易让人联想到你在说谎或者感觉非常紧张，因为在紧张、不安的时候，我们的嘴唇会变得发干，舔嘴唇的动作也会增多。

需要重点提出的是，与其他身体语言相比，嘴部的动作往往更容易被忽视，因为在交谈、谈判的过程中，你很可能只顾着让自己平静下来，此时，嘴部动作往往在不经意间随意性地出现，想要减少它，你便必须对着镜子不断地练习。

LESSON 6

运用情绪力量，永远展示最美好的一面

哈佛人认为，凡是允许情绪控制行动的人都是弱者。在他们看来,真正的强者是那些行动控制情绪的人。在商务场合中，过分地展示自我情绪并不会给你加分，反而会使他人认为你是鲁莽而不可信的——表现出积极、乐观与美好的一面，控制好自己的负面情绪，这样的人往往被认为是有修养、可以依赖的。

任何时候，商务场合都不是流露情绪的好场所

身为部长的高米在清早出门的时候跟太太吵了一架，因此带着不悦的情绪到了公司。一看到副部长，就随口找了件事把副部长狠狠地教训了一番。副部长敢怒不敢言，心里很不是滋味。

副部长回到自己的办公室，正巧看到助理在为自己整理文件，于是不分青红皂白地教训了她一番："早晨这么宝贵的时间，你应该用来处理更重要的工作！"虽然年轻的女助理稀里糊涂地被批了一顿，但也难开反驳之口。

回到办公区后，助理的男友打来电话，助理正好抓住这个机会把心中的怒气发泄出来：你一直都不疼我，对我不关心，不会照顾我。

助理的男友本来心情愉悦地给女友打电话，却莫名其妙地被女友训了一番，感觉心里像压了一块石头，想扔都无处扔，左右看了一番，无人，想发泄一下也找不到对象，往脚下一看，发现正好有一只猫蹲在那里，他马上一脚飞过去："你这笨猫，哪里不好蹲，蹲到我的脚下，欠踢。"

这是哈佛大学教授丹尼尔·戈尔曼在情商研究中的一条理论——"踢猫效应"。戈尔曼证实，人的不满情绪与糟糕的心情往往会随着等级高低与个人能力强弱组成的社会关系链条进行依次的传递，从金字塔尖一直扩散到底层，而无处发泄的那个最小元素则会成为这场情绪传染链条中的最终受害者。相对于办公室强者与位高者而言，愤怒传递链条的最终承受者是受气最多的群体——多种渠道的怒气会进一步传递到他的

面前来。

人是 100% 的情绪化动物，即使在平日的相处中某人表现得非常理性，这种理性也是相对而言，即仅仅是当他情绪正常时才会有理性化的表现。而且，人在任何时候的决定都与情绪有着直接的关联。在做决定与做事的过程中，消极的负面情绪所产生的破坏作用非常明显。

身在商务场合中，你很有可能会受到“踢猫效应”的影响——随时都有可能因为上司的不满而成为恶性情绪传染链条中的重要一环。但是，在商务场合中，你所代表的不仅仅是个人，更是你的职位、你的公司，如果在交际的过程中，不懂得将这种情绪隐藏起来，体现出专业化的一面，那么你的个人形象便极有可能受损，甚至会影响组织的利益。

在长达数百年的时间里，一张哈佛文凭几乎就是金钱与地位的保证。而哈佛大学之所以能够培养出众多的优秀商业巨子与政界领袖，在很大程度上是因为他们不仅关注学生的智力成长，还格外重视哈佛学生的情商培养。

戈尔曼在情商研究中提出了这样的理论：成功 =20% 的智商 +80% 的情商，而情商能力的高低主要取决于个人自我情绪控制能力。商务场合中，如果你期望树立起专业的形象，便需要对自己的情绪进行控制，急躁不安的情绪会给商务谈判、事件商谈带来极大的弊端。一个高素质的商务人员必须拥有控制自我情绪的好方法。

想要处理好自我情绪，同时规避他人负面情绪的影响，我们必须在商务场合中变得更明智一些。

1. 识相些

当看到某位同事或者上司、客户的脸色不悦时，你便可以推断出此人正处于“怒火无处发泄”的状态，如果有可能的话，最好退避一下，不要招惹他。

我们的思考、情绪与行为始终是在相互交织的状态下进行的，它们是一个不断相互影响的互动性体系。如果想要对自己的情绪拥有有效的掌控，你便需要进行选择，一种选择是从自己的思考点出发，另一种选择是从自己的行为出发。不管是哪一种方法，你都应该明确，保护自己不受“踢猫效应”的影响，让自己能够更好地掌控情绪。

2. 让亲和力表现出专业的职业情绪

你或许没有注意到，信任是达成目标、拉近关系的重要前提，而个人亲和力又恰恰是信任的基石。

戈尔曼教授在进行行为科学的研究中证实：人们在评价他人时，首先会考察两个特质。

(1) 他们是否可爱

他们的亲和力高吗？他们具有良好的和谐能力，能够让他人产生信任感吗？

(2) 他们是否可畏

他们拥有力量吗？他们是否具有突出的才干与执行力？

虽然人们对这些特质的用词并不统一，但是研究的共识是，这是我们进行个人社会能力评判的重要维度。

一方面，商务场合中，那些拥有能力但是亲和力不足的人往往会招来嫉妒，这种情绪不仅有尊重的成分在其中，还怀有敌意，好坏参半。当我们对他人心怀敬意的时候，会期望与他们合作，或者站在同一阵营里，但是过强的个人情绪却会让人对其群起而攻之。

另一方面，那些具有良好亲和力的人往往能够得到更多的认可与支持——每个人都期望为自己服务、与自己共事的人是一个亲和又有能力的人。

所以，我们在生活中，应尽可能地表现出平静、平和的一面，而不是让自己时刻都像暴怒的猫一样，那样只能让你变得不受欢迎。在商务场合中，没有人会因为你表现出易于愤怒的个性而支持你、同情你，至少你的上司、你的客户不会这样想。

3. 让亲和变得顺理成章

在商务世界里，人类的亲和性完全可以用“理想水平说”来解释——人类的亲和倾向是出于功利性目的。通过亲和，我们可以达到个人的目的，这对自身也是一种报偿。

当你拥有“希望别人喜欢你→在意他人看自己的方式→期望与别人保持良好关系”的心理期待时，你便会习惯性地思考如何提高亲和力，但从“希望别人喜欢”到“与人建立良好关系”，这中间需要一个有效的过程，而这一过程最主要的就是要做到顺理成章。

(1) 不要自我设限

“我的个性就是这样的”“我就是这样子的人”，你这样的说法，表面上看是在强调自己的个性，但事实上却是在为自己设限。在商务场合中，你会遇到各式各样的人，想要与不同的人相处好，其实方法非常简单：让他们感觉到你与他们是相似的。

物以类聚，我们都喜欢与自己相似的人，因为相似意味着积极的认同，所以不要自我设限。面对不同的人，要使用不同的方法来对待，让他们对你产生相似感即可。

(2) 拿捏恰当、有分寸

我们往往会通过刻意地控制非语言类的信息来使他人感觉到我们是

可以信任的，但这样做会让我们陷入虚假与僵硬的尴尬中。比如，当希望与某人表达亲切感时，我们会在声音中添加热情，并会故意提高自己的音量、变化自己的语调，以此来营造快乐的氛围。

如果你周围的人真的做了值得庆贺的事情，这样做当然会产生很好的效果。但是，如果他人并没有这样做，那么你的曲意逢迎便会令人产生造作之感。

更好的方法是，让自己在说话时保持平和的语气，就如同你在安慰朋友时会使用的那种声音——你的音调应该令人感到你是坦诚的，是在真实地表达自己的情绪。这么做，人们会感觉到你对他们的信任，同时也会感觉到你的亲和，进而更愿意与你进行交流。

更建设性地处理不当的情绪

商务情境中永远有你无法想象，但发生时却令人百感交集的事情。

2011 年，哈佛大学学子艾布里参与了位于纽约曼哈顿某大型住宅区高达 500 万元的房屋交易，但是这场交易却差点因为少了一台旧的洗衣机而告吹。

艾布里在哈佛案例交流过程中提起了这件事：“如果对方是在谈判初期提出这一要求，根本一点问题也没有。”他谈起整个事件的经过，500 万元的房屋交易放在哪里都不是小事，但是买主在事前已经在价格调整、具体合同的签署等多项问题上迫于压力做出了巨大的让步，更重要的是，他在整个交易过程中都承受了业主不当的骄傲态度。

可以说，买主的耐心已经达到极限。所以，他完全不能容忍业主在交接前两天突然将一台早已用旧的洗衣机搬走的行为，这一行为成了压垮骆驼的最后一根稻草。

在交易当天，业主依然强硬地拒绝将洗衣机还回来，愤怒的买主当场将那张七位数的支票撕得粉碎，并将它掷入废纸篓。之后便带着怒火离开了房间。

最终，业主不得不做出妥协——他放下身段，主动将报价调低了500美元。在费了一番口舌以后，艾布里才将正在附近酒吧里生闷气的买主劝回来，并最终谈下了这笔交易。

针对这件事情，艾布里有自己的看法："当时我也非常气愤业主的行为，但我想，促成这笔交易对我来说还是有好处的，所以我不得不担任起调和者的角色。"

商务交流中，造成分歧甚至导致交流破裂的因素，除了观念问题，还有情感的表露。当然，我们期望交流对象可以出现明显的情感表露，这将有助于我们在交流的过程中调整对策。

比如，你的交流者刚刚做成一笔漂亮的大生意，这使他在整个交谈的过程中都喜形于色。对方高昂的情绪很有可能使谈判进行得非常顺利，并很快地促成协议。但是,你也很有可能会遇到个别不好沟通的交流者，他们情绪低落，甚至会对你大发雷霆。我们经常会在商店中看到，一些顾客将怒火发泄在销售员身上，在这种情况下，如果销售员不具备良好的情绪处理能力，冲突便很容易发生。

在商务场合中，有时候双方都会出现无法抑制的负面情感，而这种情感往往还具有一定的传染性。一旦处理不当，矛盾进一步激化，交流便无法持续下去。那种将冲突进一步发展到撕破脸而不愿意做出任何让步的行为，往往会使双方之间很难再合作下去。

因此，在交流过程中，如何对待与把握彼此的情感表露也是解决问题的一个重要方面。哈佛商学院的专家们建议，在处理交流过程中的情感冲突时，不可采取硬碰硬的方法。这种方法往往会使冲突升级，对谈判的继续进行产生负面的影响。在对待过激的情绪时，我们要从关注自我情绪开始，从以下四个方面来着手解决问题。

1. 关注与了解对方的情绪，同时了解自己的情绪

如果你的交流对象在交流的过程中表现得非常生气，或者有要生气的迹象，那么你一定要密切地注意对方的情绪变化。当然，也要注意你自己的情绪。你应首先弄清楚对方生气的原因。

* 你所提供的建议、意见是否会令对方不满意，进而使对方寻找报复的途径？

* 对方是否因为个人的问题而干扰当下的商业问题？

* 对方是否想要通过发脾气的方式来迫使你让步？

* 对方是否因为身处束手无策的局面而想要通过发泄负面情感来获得情绪上的救赎，以证实自己的确努力过？

弄清楚原因是解决问题的基础。但需注意的是，在对方情绪不稳定的情况下，你应该侧重于让自己平静下来，倾听对方的诉求，那种急着做出解释与澄清的行为只会让对方怒上加怒。

2. 平息自己的愤怒与不安

在一般场合中，我们往往很难让自己平和地面对暴怒的人，如果有可能，我们多会选择与对方进行强硬的对峙。但是，在商务场合中，我们往往有自己的责任要承担，有自己的形象要维护。在这种情形下，平息自己的愤怒，让自己平静下来，是最好的办法。

“六秒钟走下情绪电梯”这一练习便是在负面情绪产生时，用一些

行动来延长负面情绪引起的应激行为反应时间的一种锻炼方法。虽然这个练习看上去非常简单，但是当我们的负面情绪产生时，六秒钟却是一段比想象中还要漫长而又关键的时段。

你可以根据自己的具体情绪从以下方法中选择自己的"六秒钟走下情绪电梯"的行动。

* 慢慢深呼吸三次，这可以将你的心跳慢慢地放缓，使暴躁与恐惧度降低；

* 喝一口冷水，这可以帮助你降低体温，使愤怒度减少；

* 喝一口温水，这可以帮助你温暖胃部，使紧张度减轻；

* 改变姿势或者站起来走动，这可以使你的肌肉松弛，从而淡化焦虑；

* 走到阳光充足或者温度适宜的地方，这可以使你的乐观思维得到极大促进，从而令忧虑情绪减少；

* 微笑，这可以使你在坏事情出现的时候，注意力得到转移。

3. 让对方的情绪得到发泄

对方有负面情绪需要发泄时，绝对不是解决问题的最好时机。此时，听明白对方的抱怨点，并从中整理出稍后自己要与对方交流的内容，是你最重要的任务。

千万不要想着还击——在商务场合中，你不仅是自己的形象大使，还是公司或组织的形象代言人。正是因为并非只代表一个单独的个体，你更应该让自己冷静地倾听，并引导对方，将他发怒的原因讲清楚，使对方将负面情绪发泄出来。

4. 使用象征性的体态语言来使对方的情感冲突得到缓解

商业活动中，个人情感上的输赢并不具备实质上的意义。非要弄清楚谁是谁非也并非我们的最终目的。你应该搞清楚，在交流过程中所追求的，是在双方利益皆得到实现的基础上，最大限度地取得共赢的局面。

因此，在缓解不当情绪、化解双方冲突的过程中，一些象征性的体态语言往往会使当下的僵局获得意想不到的逆转。比如，与对方握握手，向对方真诚地微笑道歉，或者邀请对方一起进餐。使用这种行为来表示自己的诚意，是交流过程中成本最低、回报最高的投资。

你需要格外注意的是，那种指责对方不理解自己，或者指责对方不了解常识的行为，等于彻底地激怒对方。在引导情绪的过程中，你应更多地将重点放在“如何解决问题”而不是“到底谁错了”上面。

道歉里的大学问

“真不好意思，我以为琳达已经把意见传达给您，我也向她询问过，她说自己做到了，现在这样的情况，我也非常不愿意见到。”

错过订货时间的客户显得非常恼火：“那么，你的意思是，我没有接到你们员工电话的这种说法是在欺骗你了？”

“不不，或许中间有什么误会呢？我只是希望您相信我们已经做到最好……”

还没有等他说完，客户已经拂袖而去。

在商务生活中，我们总是会在经意或者不经意间犯下错误，学会正确有效地道歉无疑是极为重要的。但上文中的道歉方法很可能会招来更大的怨恨与不满。如果你总是想着将错误推到别人身上，那么你们之间的合作便绝无维系下去的可能。

你也许会说，道歉是一件非常容易的事情，一句“对不起”就可以搞定所有的问题。

的确，直接说“对不起”是我们最常用的道歉方法。当你不小心踩到别人的脚，或者忘记别人的名字时，这种道歉非常合适。可是，在商务场合中，事情往往不会像踩脚、忘记名字那么简单。当遇到更复杂的情况时，我们应该怎样进行有效的道歉使自己脱离窘境，同时也使他人真正地感受到我们的歉意，进而使关系恢复如初，甚至比原来更好呢？

哈佛教授凯勒曼在课堂上明确地指出：“我们道歉的次数正在不断地增加，这已经成为挽救自我形象的一种利器。但是，越来越多的轻率、敷衍型道歉不仅不会对你的商务形象有所帮助，反而会招致更多的非议。”

看来，使道歉真正地上升到挽救形象的程度的确需要一定的技巧与技术。所幸，凯勒曼教授也提出了四个道歉的基本原则。将它们运用到道歉行为中，你的道歉或许会取得事半功倍的效果。

1. 承担责任

如果别人向你道歉的话，你很容易便能够看出对方是不是真心的，他人也一样。道歉不是一种为自己狡辩的伎俩，更不能用来欺骗别人的宽恕。在道歉时，你必须感觉到自责，并且要勇于承担过失，只有这样，才能算是真心的道歉。

很多时候，你的过失或许并不是你真正做错的那件事情，而是你的言行使他人受到了伤害。当你迟到时，你说："我忘记打电话告诉你，我要晚一些到。"这样的说法便是在为自己开脱，而一句"真不好意思，我对自己没有尊重您的宝贵时间向您致歉"则显得更加真诚，也会更有效。

2. 别为自己找借口

当你犯了某个错误时，你必须学会勇敢地承担起这一责任。比如，你拆了对方的私人信件，则需道歉："我非常抱歉读了你的私人信件，以后我决不会再做出类似的事情。"或许你只是因为对方的指示才去拆阅那些信件，但即使有时候真的是误会，或者一些其他的客观因素掺杂其中，道歉的当下也不是解释的最佳时机。如果非要解释的话，你也需要先承认自己错误的部分，并在承担责任以后，再与对方讨论："……但是，我还是希望我们能约定一下，您是否能够为我做一些提示，哪些信件是不应由我拆的。"

3. 聚焦于自己的错误

道歉应该坚决杜绝一切有可能再次引发他人不快的形式，那种类似于"我很抱歉，你和我在一起工作好像并不快乐"或者"我很抱歉，我没有想到这样做竟然会让你如此抓狂"的说法更多的是将自己的错误推卸到他人的身上。你的错误一定并且只能集中在自己所犯的错误或者自己的失败上。

所以，你在向对方道歉时，应考虑到自己行为所造成的后果。或许你不认为自己的做法会引发如此大的反应，但是提前预警也是非常重要的。

(1) 情感预警

从情感方面让对方感到你的诚意，以下几种说法可能会帮到你——

“我知道你对我非常失望”“我知道你对于刚刚发生的事情很生气”“我没有故意找你麻烦的意思”。

(2) 其他预警

如果你需要向他人提出一些有风险的建议与意见，那么这些意见最好使用以下方式提出：“这意味着，我们的项目在这几个月很可能会出现几千块钱的缺口”“我知道这些材料对于你来说非常重要，你好像正在等待它们以确定整个项目”“我估计你这样说，我们的客户很可能会发火的”。

4. 试着补救自己的错误

有些错误很好补救，有些事情却难以挽回，此时你就要竭尽全力弥补自己的过错。

一种有效的补偿方式，是向对方确保，你会尽力弥补错误。

(1) 从自己可以做到的地方开始补救错误

“我已经与我们的同事重新制订了计划。”

“我已经对数据表进行了二次审核，并且确保它能够万无一失。”

“我已经想到几个补救的措施，您愿意听一下吗？”

(2) 询问对方，你还能够做出哪些行为补偿他

在这种情况下，“对这件事情，你还希望我做什么”绝对不是一个好的说法，这意味着你已经满足于自己的作为，但重点本应该是让对方做出指示。所以最恰当的问法应该是：

“我还能够做些什么来弥补您的损失？”

“你是否能帮助我想一些办法，使我日后不再犯同样的错误？”

这是道歉最基本、最重要的步骤，一旦掌握这些原则，你便可以在道歉中根据不同的事件，加入一些商量、解释或者交流的技巧，但是其

基本步骤是不变的。

“很抱歉，因为我的错误让您陷入这么尴尬的境地。我做出决定时没有考虑周全，但是现在我已经知道自己的错误。我希望我们能够再合作一次，我将确保不会再有类似的事情发生。”

只要你愿意、能够承担起相关的责任、后果，并竭力弥补，那么你的道歉将会十分有效，而他人也会因此感受到你真诚的歉意。

当然，在商务世界里，有些人很难交流，他们往往有严重的“行为洁癖”，即使是最真诚的道歉也不会动摇他们，有些事情是无法被原谅的。但这并不意味着你可以放弃自己的责任，不再去道歉，你应该展示出自己的诚意。

或许你也会遇到不甘心地道歉的事件，在这种时候，你只留下一句“我真的很抱歉”就足够了。世界上没有后悔药，我们能够做到的就是尽力弥补过错，这就是最好的道歉方法。

和平处理冲突

看到弗朗斯做的策划根本没有按照之前自己做好的测算来进行，安德烈起初还强忍着怒火，期望与对方静下心来好好地交流一番。但是，弗朗斯一脸的不屑与明显心不在焉的态度把他惹火到了极点。他“嘭”的一拳砸在桌上：“你到底懂不懂企划？不懂让别人来做！”

“嘭！”这一声比之前的那声更加剧烈，这回是弗朗斯在反击，他拉开凳子，冲到安德烈面前，照着他刚刚砸过的地方又狠狠地落下一拳：“少跟我扯这些有的没的！企划书上明明白白地写着所有的统计数据，不按样本评估，你知道会给工程带来多大的隐患吗？”

“废话！你不知道用脑子想想吗？你拿那么低的评估参数进行测算，能与实际情况符合吗？”

长期浸润在办公室、谈判桌、商务社交中，你就会发现这样的特点：一帆风顺的交往几乎找不到。在交际的过程中发生冲突其实是一件非常正常的事情，因为社交本身就牵涉了不同的利益。

出现冲突并不可怕，最可怕的是任由冲突不断地蔓延，直至两败俱伤。“气在心头口难开”的情况下，如何和平地处理冲突，已经成为所有商务人士都应该学习的新技能。

哈佛人际交往学中有这样的指导原则：语言本身并没有明确的规则，但是说话场合却存在着明显的心理规则。这种规则是由大家共同遵守的、早已约定俗成的，这便涉及了“表达法则”的细节问题：说话时，不仅要考虑到在什么场合说什么话，更要考虑到在什么样的场合中怎样说话才合适。

国人素有一种说法，成功者是“全凭这张嘴”，而失败者则是“都怪这张嘴”，由此可以看出自我语言控制能力的高低直接对人生得失成败产生重要的影响。若想在商务场合中更好地处理冲突，你便必须学会根据表达法则来具体判断到底说什么、怎样说才是最适合的。

不过，也恰恰是因为冲突本身就涉及大量的利益问题，在争执发生时，就算你是有理的一方，也应该让自己明确，有些事情可以做，有些事情不可以做。

1. 冲突发生时，应做的事情

冲突发生时，若你可以做到以下几点，往往能够更好地引导冲突，使冲突演化为交流、沟通。

(1) 你应保持冷静，即使早已热血澎湃，也不能让情绪失控，否则在这场吵架中你铁定是输者。

(2) 你应学会以事实为依据，因为就算对手再怎么能说，也很难反驳事实。记住在争吵发生前进行数据、证据的收集，到争吵时，你便会发现它们用处极大。

(3) 你应学会提问，而且问题要一击中的，这样在对手苦苦思索答案时，你便对整场论战成功地进行了掌控，同时还能够直接对他的观点进行挑战。

(4) 你要有条理，并懂得步步为营，每一个论点之间都应该存在逻辑支撑。你还应紧紧地把握对方的话语漏洞，提出一些对方无法拒绝又合理的要求。

(5) 你应该学会倾听，很多人在处理冲突时总是只说不听，并会先入为主地假设对方会如何回应，从而忽略了对方真正想要表达的东西。但事实上，紧紧地把握对方的意图，你便能发现，它们对畅通交流极有帮助。

(6) 你要学会让步，若对方的哪一点是你没有想到的，而且是正确的，你便要及时让步，不要锱铢必较，更不要过于强硬。你之所以花费时间在这场冲突上，目的在于沟通，而不是真正要与对方干一架。

(7) 你要分辨哪些事情是用不着起冲突的，为人际交往间的飞短流长、利益纷争里的不甘示弱而起冲突，你会连“身份”一起丢掉。

(8) 你要始终明确最根本的冲突、最值得去争执的事情是什么，只有在真正触及根本问题时，才能与对方进行冲突式交流。不能将冲突视作发泄日常不满的一种方式，正所谓“对事不对人”，那种无事挑衅对你的商务形象没有丝毫的帮助，甚至会让人认为你根本就是来搅局的。

2. 冲突发生后，不应做的事情

或许与你发生冲突的个体是你早已看不惯的，而你也恰恰认为，这样的冲突是你展示自我攻击技能、出一口恶气的好机会，但是请记住，这样的做法会让你得不偿失。你必须牢记，在冲突发生后，你不应做以下事情。

(1) 你不应进行人身攻击，不要企图对他人的生活方式、个人品德、行事方式进行攻击，因为一旦这样做了，你在处理冲突的过程中便会立即沦为劣势的一方，他人会认为你是在诋毁，而不是在谈正事。

(2) 你不应心烦意乱，当对方抛出一些与主题无关的新话题时，可能令你迷失方向，你只要坚持住，不自乱阵脚，就能将话题控制在自己的能力范围内。

(3) 你不应与不了解的人发生冲突，比如刚刚接待的客户或你的新同事。可以发生冲突的人，应该是那些与你彼此信任、彼此了解的人，冲突更多是为了达成合作。盲目地与一些并不亲近的人发生争执，只会被无端地猜疑，甚至会造成关系的永久破裂。

合作伙伴间若不是基于那种彼此伤害、令对方难堪的目的，而是针对某个具体工作问题发生争执，不仅不会造成双方的敌对，而且对问题的解决极为有利。学会更恰当地处理冲突，表达自我意见，其实也是打破商务场合中交流坚冰的一种好方法。当然，前提是你没有把冲突进一步发展成不可调和的矛盾。

如何面对自负者

身为公司总经理的高加里曾经招募过一位高级主管。在刚进公司时，这位主管便向高加里表达了自己的一些担忧，而后又向高加里解释，自己之所以会说这些，完全是因为喜爱这份工作，是为了公司的长远发展而担心。

最初，他所担心的都是一些小事。比如，一些项目上的花费超出了预算；接下来，他进一步指出，公司制度过于松散，一些人不按时上班；后来，他又开始质疑，公司的某些职位并不需要高级人才，完全可以换成低水平的人，以此来开源节流。

这位主管使高加里形成了一种印象：所有的员工，除了他与这位主管，都在利用自己，他们对现有的一切并不感激，因此高加里必须更加严厉。

高加里变得越来越担心，他的管理行为也变得越来越失序，这个原本以自由、快乐而有秩序为企业文化的公司正在逐渐地颓废。

终于有一天，一位员工告诉高加里：这位主管总是在抱怨公司的种种不好，但他的说法没有丝毫根据。这让高加里非常愤怒：他被一个自负者利用了！

最终，他决定让这位高管走人，一方面，整个团队已经不再信任这位高管；另一方面，高加里也不相信一个过度自负的人会改变。

不可否认的是，自负的人往往以自我为中心、藐视他人。他们拥有极强的优越感，虽然平日里的工作表现或许并没有多么突出，但是他们在心理上拥有优越感，并习惯性地轻视他人。

哈佛行为学研究发现，那些握有权力的人往往拥有极强的自尊心，不管自己是对还是错，他们都渴望获得他人完美的回应。这也导致高加里在管理过程中出现失误，他渴望有人表现出对公司的关心、欣赏自己的明智，却没有发现自己也有自负的缺点，而这种自负还一度被人利用。

这涉及一个商务场合中经常碰到的礼仪问题：当我们遇到权力比我们大、职位比我们高的自负者时，要如何面对他们？我们不得不承认的事实是：在交往过程中，被尊重的那一方永远是有自负权的，这便意味着，我们的客户、我们的上司，都有可能成为自负者。

在面对这些手中拥有一定权力的人时，想要达到“既不委曲求全，又能避免危险”的效果，你应该做到以下几点。

1. 忘记评价，不要先入为主

与自负者打交道是世界上最有学问的事情之一，做得好，你的商务之行便会一帆风顺，可一旦得罪这些左右着利益的人，日后便难免会有更大的冲突。而“先入为主”的评价模式则会让你在接下来的交往中成为自负者。

比如，你认为自己的一位同事是自负者，为了维持自己的骄傲，你必然会以自负的态度来面对他。但这种消极的回应会使你们的位置颠倒过来，对方也非常有可能会认为你才是自负者。

你需要了解的是，傲慢的人往往也有可怜的地方：他们貌似强大的外表下所掩饰的是一颗极其脆弱的心，他们并未脱离弱者的本质。如果你认为自己是一个积极的强者，那么你应该对他们抱有同情之心，并以一个强者的姿态来宽容、接纳他们的行为。

2. 认可，而非绝对化地反对

有些人习惯攻击他人最脆弱的地方：“你想要显示出自己的优越感是吗？我偏不让你心想事成！”但细想一下，这样的行为与自负者又有什么区别呢？

如果你的客户在你面前夸耀起他的儿子：“他简直是百年难得一见的 IT 人才！”而你恰恰也是 IT 从业者。他是出于贬低你的目的才这样夸耀吗？不，他的内心肯定是骄傲的。而认可他人的骄傲，并送出恰当的祝福与认可，这本身就是基本的礼仪之一。

就算对方的话语中有错误，你也应区别对待。在对待有分歧的看法时，若你认为对方的说法有欠妥当，最好在自己开口以前先看看对方的个性，若不巧你的交流对象独断专行、一味自大，那么你还是少说多听为妙。

3. 如果有可能，尽量远离

如果你本身也是一个骄傲的人，而且无法做到容忍他人的过分骄傲，那么远离他们是最好的方法。特别是当对方是你的同事时，你更应如此。

值得庆幸的是，这样的人一般都特点鲜明。所以，你发现自己的身边有一些格外孤傲的人时，一定要设法与他们保持距离。

远离他们并非表示你畏惧他们，而是一种保护自己、避免冲突的好办法。与其因某个毫无必要的观点争得两败俱伤，不如大家做好自己的事情，享受自己的小世界，相遇时，以微笑等基本的沟通方式礼貌相处就足够了。

自制与怒火之间的较量

公司从保洁员到总经理都知道，有一位客户是非常难缠的，他不仅为人悭吝，而且总是对已经足够出色的服务挑三拣四。此时，这位客户就坐在伊摩勒的面前。

伊摩勒从坐下来开始，已经听了他半个小时喋喋不休的抱怨，抱怨的重点在于公司新生产的一批钢床质量不佳。当伊摩勒主动提出想到他的工厂中实地考察一下，以期为他解决问题时，这位客户又顾左右而言他："先不说质量，你们的售后服务也不到位！"接下来，伊摩勒不得不再次听他抱怨起有关售后服务的事情。

想想自己一下午的时间就要浪费在听他抱怨上，再想到还有关乎自己前程的企划案没有完成，伊摩勒突然愤怒了："先生，请您直接说明要求好吗？现在，我给您两个选择，一是我跟您回公司，检查一下钢床质量；二是我们针对售后服务的问题，再进行一次商谈，您对哪里不满意，请直接告诉我们！我没有时间再听您这样抱怨了！"

客户惊呆了，非常愤怒。这件事情伊摩勒自己是出了气，但是公司对他做了扣发两个月奖金的处理，虽然公司里的大部分人认为伊摩勒这样做是对的。

自制力的强弱体现于个人是否能够对情绪与行动进行良好的控制。要既善于对自我进行激励，又可以勇敢地采取行动、执行任务，还可以对那些与已定目的存在偏差的愿望、行为、动机与情绪进行抑制。这种双向性的要求使自制力成为个人坚定与否的重要标志，同时也成为个人能否在某一方面获得成功的关键。

商务场合永远不是一个展示自我情绪的好地方，所以自制力才会显得如此重要。从这一意义上来说，与其认为成功是建立于自我努力的基础上，不如说是源于自制力。当你能够在工作中对自我行为进行有效的控制时，便可以寻找到最强大的自制力，这种自制力会让你告别自我纵容，走向更具有执行力的人生。

哈佛商学院自我管理课程中，有专门针对自制力展开的教育。在这门课程中，哈佛以自己的经验证实：提高自制力不是单凭一时的冲动便可以实现，更不是凭借一个接一个的欲望刺激，而是通过长期的自我平衡与强大的自我管理，使自己在行动之前再三权衡而达成的。这种能力可以通过后天的培养获得，想要成功，需要进行以下几个具体的训练。

1. 意识到个人情感中有易于暂时满足的缺陷

这是培养自制力的第一步，人的情感总是容易倾向于暂时的满足，就如同伊摩勒一般，贪图一时的情绪发泄，却使整个商务局面受到影响。这样的行为会给人留下无法控制局面、不上进的印象。

所以，我们必须利用过往的经验对每一项行动有可能带来的长期结果进行分析。当你认为自己无法承受情绪宣泄而导致的负面作用时，最好还是控制一下情绪，这样对你、对整个组织都有好处。

2. 明确自己的愤怒类型，并进行破解

哈佛专家将愤怒分为四大类型，并提供了具体的破解之法。耐心地将下面的文字读完，你便会发现，管理愤怒并不是一个难题。

(1) 破坏型愤怒

破坏型愤怒者总是在暗中以破坏的方式来发泄不满。对于这类人而

言，你的破坏行为的确可以对他人形成挫败，但是并不会为自己争取到应得的幸福，只会阻止他人得到他们想要获得的东西，这种愤怒所导致的最终结果只有一种：双输。

想要改变“双输”的局面，你应该尝试着做到以下几点。

* 允许自己生气。明确地告诉自己，可以发火，并通过发火让对方明白，你已经对他的摆布感到极度的厌倦。

* 尽可能地争取。与其故意不交工作报告或者开会迟到，你不如鼓起勇气告诉老板，长期以来的超负荷工作早已超出你所能承受的范围，或者你与某个同事的矛盾早已无法调和。这可能对你而言并不容易，但你不尝试的话，就只能委屈地生活。

* 学会掌控一切。若被赋予过高的期望却无法达到，并因此而产生不适感的话，你应该努力做出改变。比如，当无力独自承担某项任务时，你应坦率而明确地向上司或者同事表明，你需要他们的帮助与支持，而不是一边勉强工作，一边却大发脾气。

(2) 自责型愤怒

此类愤怒者每一次都会将过错揽到自己的身上，并就此对生活失去希望。长期将愤怒藏在心底，很容易对自己过度不满与失望，久而久之便会患上抑郁症。

自责型愤怒者平日里应该考虑从以下方面着手进行改善。

* 质问自己

每一次要自我怪罪时，你都应质问自己：“是谁告诉我，我应该对这件事情负责？”同时问自己：“我真的相信这一点吗？”认清事情真正的责任在何处，而不是不问青红皂白地挺身而出，将那些不该承担的责任揽到自己身上。

* 提高自信

列出一张清单，将自己的所有优点写下来，找回自信，是避免个人过度自责的关键。若在这一点上有问题，你可以请专业的心理医师对自己进行辅导。

(3) 习惯型愤怒

习惯型愤怒往往并非针对事件本身应有的正确反应，而是一种错误的习惯。若没有进行有意识的改变，这种愤怒会变成你生活中的经常性情绪。

当你习惯性地愤怒、总是直接地表达你的不满，或者这种情绪总是会在不经意间流露出来时，那么在这些愤怒的背后一定隐藏着一些你不敢正视或者不曾留意的挫折、遗憾与怨恨，也许是由于你忌妒同事升职，也许是因为你的婚姻濒临破灭可你并不知道原因。你的愤怒行为会让他人由于压力过大而选择远离你。

想要改变这种非理性愤怒，你应该做到以下几点：

* 直面自己的内心

哪些才是让你真正不满意的？若能够对自己的内心进行发掘的话，你会发现，丢在地上的脏袜子、办公桌上的小纸屑根本不值得你愤怒。但是，若在直面内心以后依然无法找到自己愤怒的原因，你便需要接受专业人士的建议了。

* 对愤怒迹象进行留意

当愤怒的时候，你是否不知不觉地攥紧了拳头？你是否会在房间里走来走去？你是否会不断地诅咒，或者咬紧自己的牙关？若可以灵敏地觉察到自己将要生气的种种迹象，你便能够立即做出一些努力，以平息马上就要到来的怒气。

(4) 隐忍型愤怒

就算你内心的愤怒已然达到极点，也总是展现给他人一张笑脸，并不露痕迹地掩藏自己的真实情感。但也许你忘记了，愤怒的最基本作用是对我们做错的事进行预示，并且进一步推动我们找到更有效的解决方案。若一直对这种预示视而不见，那么你将永远只能以自毁的方式来宣泄内心的愤怒。

你应该着手对自己的隐藏行为进行改善。

* 对自我信仰进行挑战。询问自己："我这样回避自我情感真的好吗？"若你足够诚实，你一定会回答"不"！认识错误是个人改正错误的第一步。

* 让自己置身事外去思考。将自己想象成某个朋友或同事，若一直被漠视、被责骂，他会如何做？写出你所模拟的角色有可能采取的行为，然后问自己，为什么他可以这样做，而自己却不敢、不能这样做。

* 进行有效的对质。若有人责备你，你可以选择使用有建设意义的语言进行反击。对方可能最初会吃惊，甚至会生气，但是他们会慢慢地接受这一切。

3. 对自我情绪控制情况进行记录与分析

如果你是一个习惯性的愤怒者，那么自制对你而言必然是一项困难的工作。适当地记录与分析自己完成的具体进度，同时激励自己，并将这种心理暗示持之以恒的话，你便能够形成思维上的积极正反馈，从而使自己培养起强大的自制力。

对于那些缺乏自制力，又不愿意花费时间与精力去培养自制力的人而言，商务环境无疑不适合他们。因为大部分的行为都需要靠自我约束来实现，个人目标的实现与成就的获得也常常基于长期坚持不懈的努力，所以自制力的培养与铸造极为重要。

现在，需要明了的只有一件事：你渴望商务上的成功吗？如果答案是肯定的，那么就需要你长期努力。

Tips：商务场合里的负面情绪宣泄法

哈佛著名心理治疗师艾德·威尔曾撰文指出，商务情境下，交流压力的增加与日常工作的负荷，往往会使个人出现严重的负面情绪，引发注意力不集中、耐性不足、情绪焦躁等现象。

在这些现象的背后，通常是个人心理因素与外部环境的干扰，后者往往是我们无法预知的。例如，对客户打来的紧急电话，我们必须马上处理；临时有会议要开，却突然有同事跑过来问你一些问题……尽管如此，我们依然可以控制自己的心理与行为，去适应外部的环境。

在发现负面情绪不断增长时，你可以采取以下几个方法试一试。

1. 用小动作赶走焦虑的情绪

使负面情绪不断发酵的往往是不断增长的焦虑，焦虑会使脑部负责组织、规划与决策的能力受到影响，使人无法清楚地思考。人在焦虑中会变得冲动，会急于做出决定或采取行动，无法静下心来应对问题。

此时，你最好的办法就是尽力地伸缩自己的脚趾，将脚趾按“蜷曲—五指张开”的方法进行运动。这一小动作不仅可以立即减少焦虑，还可以让你避免因为大幅度动作而形象受损。

2. 转移目标

想必你一定遇到过这样的情况：突然发现自己的交流对象所说的内

容越来越让你有种喘不过气的感觉，或者，没有什么特别的原因，你只是感觉到心神不定、无法专心。

当你发现情绪突然不安时，越是强迫自己专心，便越会适得其反。此时，你应该转移自己的注意力，做一些与当下相关的小动作，比如拿起桌子上的杯子喝两口水，或者在纸上写下一些对方话语中的重点。

3. 深呼吸放松法

这是更加简便易行的宣泄方法，你不需要任何的条件，只需要在感觉不安、焦躁的时候，让自己周身紧张起来，慢慢地深吸一口气，再慢慢地呼出去。不断重复这个循环，直到你感觉紧张已经减轻为止。

在进行深呼吸时，如果你同时能够在心里默念“放松、不要紧张”一类的暗示语，将会获得更好的效果。

LESSON 7

合理使用高科技，让礼仪跟随设备一起更新

有人曾针对哈佛人进行过一份调查，调查的目的是看这些精英在商务场合使用各类移动设备的反应。调查结果显示：有90%的人都对他人在使用此类设备时的失礼行为表现出不悦。在这个日新月异的时代，在更新你的移动设备时，也要注意更新你的礼仪规范。这是维护个人良好形象的另一重要方面。

让电话展示你的修养

因设备老化，罗谢奥想要重新购买一台办公室空调。在仔细甄选以后，她拨通了某著名公司的代理商电话。第一次电话足足响了七八声也没有应答，这让罗谢奥有些担心：“为什么工作时间会没有人接听电话？或许对方是一家并不规范的小公司吧？”

一个小时后，罗谢奥再次拨打了电话，这一次电话铃响了六声以后，终于有人不紧不慢地接了电话。

“喂！”对方拿起电话，懒洋洋的声音透过话筒传了过来。

“您好，请问是 ×× 空调代理吗？”罗谢奥不敢确定对方就是自己要找的代理商。

“你有什么事吗？”

“我想要买一个足够会议大厅使用的空调，您可以介绍一些合适的型号给我吗？”

“我们的空调有好几种，你想要的是哪种？”对方的声音始终透露着冷淡，在罗谢奥听来，他好像在怪罗谢奥打扰了自己的清闲。

“先生，我有些不明白，空调不就只有一种吗？它不是按大小与功率来分吗？”这种有关空调的专业技术问题还真的难倒了罗谢奥。

“当然有分类！有些可以制暖，有些不能制暖。”电话那头传来了吃东西的声音。

“原来是这样，那我再考虑一下吧！”罗谢奥反感地挂断了电话。

第二天，罗谢奥直接去商场购买了空调。

从电话中，我们便可以感受到上述代理商缺乏起码的规范，对客户不主动积极，而且欠缺应答电话的正确方式。这种回应方式不仅没有商业活动应有的活力，甚至连基本的礼仪都没有——在接电话时吃东西、冷淡地回应是对客户的不尊重、对公司形象的不重视。可想而知，这样的公司很难获得客户与合作伙伴的认可。

哈佛经理培训课程明确地将遵守“电话礼仪”列入“必须做的事情”中，意指“这不是一项任务，而是一件必须完成的事情”。在高速发展的商业社会，越来越多商务活动中的人际交流是通过电话进行的。在没有见面的前提下，人们会通过你接电话的方式、在电话中的表现对你的性格、形象与职业素质进行无限的想象与描述。不规范、欠缺职业风范的接电话方式，不仅影响个人的形象，也影响到公司的商业信誉，而这样的事件有可能让你失去到手的商机。

电话交流时，我们失去了面部表情与形体语言方面的帮助，只能纯粹依靠语言。因此，我们应该如同塑造视觉形象一般，塑造我们打电话时的语言。说话时使用的词汇、语音与语调都将帮助我们进一步传递信息，抓住语言背后所蕴含的说话人的状态与情绪。哈佛礼仪中有一些值得借鉴的电话接打技巧，如果可以做到，你的电话形象便会表现得无懈可击。

1. 先自报家门

你所接的每一个电话，都应努力展示给对方一个具有高度职业经验、可以信赖的形象。拨打电话时，你应该在接通后先自报姓名与公司的名称。之后，再告诉对方你来电的目的，并询问对方当下说话是否方便。若对方不方便，告诉他们你会在其方便的时候再打电话过来。

就算是非常熟悉的客户，你也一定要先报姓名，否则会让对方感觉到困惑与怀疑。不通报姓名的行为不仅不利于职业形象，而且会影响你的工作效率。

2. 打电话以前，让自己微笑

打电话时，你应让自己尽量做到以下内容。

(1) 说话时，略带微笑可以使你的语调变得更动听。你可以在办公桌上放一面小镜子，接电话时看着镜子里的自己——微笑着说话将会让你变得更有生机，与你通话的人也可以感受到这一点。

(2) 如果你想要宣传某个产品，或者向客户推荐某个方案，你应该站起来说，这样将会让你的语气变得更加有力、更加热情。

(3) 在打电话前，你应该先罗列一下要点，然后看着电脑或者纸上的要点清单打电话。

(4) 如果有人给你打电话，但是你未能接到，你应在 24 小时内回复对方。

(5) 有可能的话，你应养成这样的接电话习惯。

* 电话响一声时，心中已经开始微笑；

* 电话响完两声时，沉着地接起电话。

电话接得太早，会显得你迫不及待，无事可做；接得太晚，会显得你不在岗位上，让人对公司的正规性产生怀疑。

(6) 当你打电话时，尽量专注于电话本身，不要和屋子里的其他人说话。

(7) 打电话的时候，尽量让自己的声音和平日一样。有些人的声音会在接电话时变得矫揉造作，你应尝试着将自己打电话的声音录下来，并避免这一失误。

(8) 要有原因地打电话，不要只是为了聊天、问候而打电话。

3. 为自己设置专线电话

如果你是一位独立工作者，或者在家中上班，你应该为自己装一部工作使用的专线电话，它能够使你变得更具有专业形象，也可以避免你的工作与生活之间互相干扰。

同时，你应告诉家人如何清楚而有礼貌地接电话，更要告诉他们，不要在你接电话的时候制造出噪声。

4. 挂断电话时要得体

即使在电话中进行了愉快的交谈，但是，如果你没有得体地结束电话，也将影响你的形象。在挂断电话前，你应先告诉对方："好的，那我们有事再联络。"然后，给对方一些反应的时间之后再挂掉电话。那种单方面强硬挂断电话的行为只会让别人感觉自己未被尊重，而你也会在他人心中留下强硬、支配欲望过强的印象。

5. 注意避免情感障碍

在接打电话的过程中，你很有可能会遇到两种障碍。

(1) 情感障碍

在你感觉有压力、疲惫不堪或者沮丧的时候，便会思想不集中；当你讨厌对方说话的语调，或者对方笨嘴笨舌、无法将事情讲清楚时，你会变得心烦意乱。

(2) 外部障碍

一心二用会让你的注意力分散；噪声太多或者手上有工作要忙时，你也会听不清对方的话。

有关这两个障碍，我们需要摆明的态度是：偏见等于半个聋子，不专心又会夺走你的专业形象。所以，在接打电话时，我们应该竭尽全力，避免这两种障碍造成不必要的职业损失。

避免设备问题

哈佛学子莎伦在为某国际著名公司工作的时候，发生了一件令她终生难忘的意外事件。

出于对方的要求，莎伦的团队制作了一套培训光盘，用以提升公司各个区域销售主管的管理能力。在将这套光盘正式推出以前，莎伦的团队需要向负责人力培训的副总裁展示该套光盘的核心内容。

在汇报的前一天晚上，莎伦在培训会现场对整套程序进行了完整的模拟，流程也非常顺畅，光盘的音质与图像的质量皆属上乘。于是，所有人都放心地回家了。

在汇报那天早上，莎伦本来打算提前一个小时去会场再演示一遍，但转念一想，反正头天晚上已经完全试好，应该不会有什么问题出现，于是便将这个看似麻烦的试演省去了。

令人惊讶的意外在汇报开始前5分钟发生了，莎伦惊恐地发现，电脑信号竟然无法正常地与投影仪的相关信号对接，而此时副总裁已经坐在他们的面前——他们已经没有任何时间来更换一台投影仪。

身为该项目负责人的莎伦不得不狼狈地向副总裁解释说，昨天晚上一切都是正常的，但解释根本毫无意义。最终，他们不得不临时抽调出两个熟悉培训内容的员工对光盘进行了模拟演绎。

幸好这段“真人秀”还算给力，虽然之前的事情让副总裁有些不快，但他最终认可了莎伦团队的工作成果。

信息时代的到来使商务人士在表达时越来越离不开各式各样的先进设备：投影仪、笔记本电脑、麦克风、音响、激光笔……在享受它们带来的高效与便利的同时，我们也不得不承担设备出现故障或者发生意外的风险。

当莎伦将这次的工作教训在哈佛学校论坛上展示出来以后，人们发现，就算是如此顶尖的学校所培养出的精英团队，也无法避免因为电子设备出现问题而导致的尴尬局面。有学子甚至声称，每一次在借用电子设备进行会议的准备时，他都会提心吊胆，担心电脑、线路等部分会出现问题："如果因为这些意外引发尴尬，真的会让我无地自容。它无关技能与智能，只是因为你的不谨慎才发生。"

针对这些学子所抱怨的内容，哈佛人总结出一套设备利用原则。在投影仪、电脑、麦克风等日渐成为商务场合重要的电子设备后，我们不得不说，这些原则对每一个商务人士都有巨大的借鉴意义。

1. 事先准备好解嘲语

每当需要通过操作设备来达到目的时，你便应该提前设想，它很有可能会出现问题，而在设备出现各种意外时，几个相应的笑话会帮助你更轻松地应对。这里有一些例子，可能会为你带来启示。

(1) 麦克风无故发出噪声

"我们的麦克风正在抗议，它在提醒我们，需要让它休息一下了。"

"看起来，我待会要告诉一下设备管理处的同事，我欠他的十块钱马上会还给他了。"

(2) 突然有物件掉落

"看来，我们的演讲非常成功，以至它都掉了下来。"

“难道这间屋子里有灵异事件发生吗？如果没有，就请自动忽略它吧！”

(3) 电脑突然死机

“我想它是在惩罚我一个星期没有给它吹风、换新外壳，不过它是怎么知道这个型号又出了新外壳的呢？”

“看来，我真的要换一台新电脑了，它已经为我工作好几年，是时候让它好好休息一下了。”

这些解嘲之语会帮助你最大限度地减少设备出现问题、突然出现意外情况所引发的负面评价，同时能够帮助你建立起幽默、处乱不惊的商务形象。不过，在语言的甄选上，你最好再谨慎一些，以避免不当的语言引起误会。

2. 演示前，将所有的电子文件或设备再检查两遍

使用电子设备的最重要原则就是：永远不要假设它们会正常地工作，而是在正式演示前，将所有电子文件、设备都检查两遍。一遍在确定内容以后，一遍在当天演示以前。

千万不要以为你昨天才用过的某个设备，今天依然会乖乖地为你服务，公司的设备很可能在你使用过后又借给别人用，他人有可能将投影仪的灯泡烧坏，或者还错了接线。在不了解原因的情况下，听众只会将所有的过错归罪于你，他们才不会听你解释。

3. 定期给电脑杀毒

一位哈佛学子在论坛上与校友分享过自己的一次尴尬的经历。当他在台上向新员工展示公司的管理制度时，连接投影仪的电脑上突然跳出一个网页，一幅不堪入目的图片竟然自动打开，台下自然一片哗然。好

在他本人还算淡定，在从容关掉网页后继续讲课，但心有余悸：幸好台下坐的不是公司的客户，否则后果不堪设想。

对于那些经常要进行公开演讲的商务人士来说，最好实现电脑专人专用。此外，为自己的电脑定期杀毒也非常重要。在使用电脑时，不要访问那些有可能会隐藏病毒的不良网站，以避免遭遇到不必要的尴尬。

4. 将电线设好

在连接各类设备后，如果线路过于杂乱，你很有可能会被电线绊倒。到那时，你的个人形象难免受损；就算你小心翼翼，也难免会有其他人从电线旁边走过，将电线插头拉掉，若此时你正在演示重要的内容，必然会造成与会者的困扰。

面对这种情境，最好的办法就是让自己提前准备好，将所有的电线粘在地板上是杜绝此类风险的最好办法。如果有可能，你可以邀请专业人士帮助你提前做好；若必须依靠自己，你可以提前半小时到达会场，将线路铺设到最安全的状态。

如果依然发生意外，使用恰当的幽默来化解自己的尴尬也是一个好方法。比如，当自己被绊倒时，你可以自我解嘲：“我想，你们都没有看到刚刚那一幕吧？很好！”

电子邮件的秘密

和上司沟通不顺，谁会提升你？身为公司行政主管的辛迪对此深有体会。

公司在召开经理级会议以前，老板让他提前拟好会议日程与安排，再下发到每一位与会者手中。辛迪很快便做完整件事情，并将写有会议提纲的电子邮件发送到老板的私人邮箱中。

开会前一天，老板非常不满地问，为什么他还没有看到辛迪的计划书。辛迪有些惊讶：“我三天前便传到您的邮箱里了。”老板说，那几天他正在和一位重要的客户谈合同，所以没有看到电子邮件。于是，他提醒辛迪要格外注意，像这种重要的事情应该再打个电话追问一下。

后来，在传给老板的一份报告中，辛迪又出现了两处错误。就这样，老板又进一步认定辛迪是一个粗心的人。

辛苦了一年多，好不容易老板有进行职位调动的想法，可辛迪出错连连，看来近期提升肯定轮不到他了。

千万不要假定自己寄发的电子邮件，即 E-mail 已经被对方收到，更不能对书面传达的讯息不加核实便发送给收件人，这是最基本的 E-mail 礼仪。而从辛迪的遭遇中，我们也可以看到，E-mail 在带给人们方便的同时，也带来职场礼仪方面的新问题。

我们应该对有关 E-mail 的礼节更加关注，在网络时代来临以后，E-mail 日渐成为商务领域的重要环节，而在商务领域，没有什么是不严肃的内容。哈佛大学商学院曾经针对日渐重要的 E-mail 礼仪进行过专门培训，并指出，商务活动中对 E-mail 的不慎重导致社交暗示与礼仪常常被忽视。

切丽·柏尔娃是哈佛商学院的讲师，她曾经对电子邮件的礼仪进行过专门的论述：“鉴于当下的 E-mail 往往成为礼仪缺失之处，我们有必要对 E-mail 礼仪再次进行规范与界定。”一些邋遢、懒散的写作习惯不仅会令人窃笑，更会让我们在客户面前颜面尽失。在当下，E-mail 充斥着笑话、私人便条与垃圾邮件，与工作相关的内容反而不多。

切丽认为，想要写好一封 E-mail，你便必须遵循一些规则。

1. 让你的邮件变得谨慎起来

绝大多数惹祸的邮件都源自一时的冲动，在写作、回复任何的邮件以前，请先想一下下面的问题：这封邮件有可能成为对我不利的证据吗？很多偏激之语只是一时的情绪发泄，却会成为你一辈子的把柄。

所以，就算你有天大的不满，哪怕去会议室与人大吵一架，也不能随随便便发出一封怒气冲冲的邮件。

2. 把握好新邮件的写作次序

写一封新邮件，你应选择最佳次序：附件、正文、标题、收件人。

(1) 首先添加附件

附件就如同它的名字所暗示的那样，是最容易被忘记的东西，所以先把它贴进来吧！

(2) 接着写正文、标题

将标题放在正文之后写，是因为大多数的邮件客户端都会向你提醒“没有标题，是否发送”。

(3) 最后写收件人

收件人放在最后，是因为没有收件人，这封邮件便发不出去——这将带给你足够的时间审视这封邮件是否存在待修改的纰漏。

而且随着正文的不断扩充，你很有可能会对邮件的标题、收件人进行再次调整，这样的顺序也会让你的写作、发送变得更有条理性。

3. 不要将文字转变成图片

有些人习惯将文字做成图片，再粘贴到邮件中发送给别人。但这样的做法并不能为你节约时间，反而会造成很多的坏处——越来越多的人开始通过手机进行邮件阅读，而你的行为无疑会让对方看邮件的时间成本与流量成本大大增加；再者，图片上的文字无法进行搜索，这意味着你的邮件在日后被再次找到的概率大大下降。

4. 使用倒金字塔的方式叙事

如果希望在邮件中更好地表明自己为什么写这封邮件，那么你应该选择使用倒金字塔的叙述方法。

在邮件开头，使用一段话，讲清楚“4W1H”：谁（Who）、什么（What）、何时（When）、为什么（Why）、怎么样（How）。

长篇累牍的叙述并不能显示你的写作才华，反而会让人感觉你过于啰唆。所以，你应在最开始时便尝试着用一小段话将自己的主要目的表明。

（1）who——谁：你应在邮件最开始处打招呼，表明你的收件人是谁，最好指明谁是这封邮件的任务所属人。

（2）what——什么：你需要清晰地描述自己的要求或者需求，如果不知道自己要表达什么，那么你就不要发出这封邮件。

（3）when——何时：你应明确自己需求的时间，并精确到几月几日，“越快越好”的表述往往意味着“没有截止日期”。

（4）why——为什么：你应让对方明白这件事情对组织、公司或彼此合作的重要性。

（5）how——怎么样：除非你已经事前与对方沟通过，否则请在信中尽可能给出明确的操作方法。

当你说清楚这些，如果还有需要的话，再慢慢地罗列数据、旁征博引吧！

5. 其他的叙述方式细节

在写作正文时，你应尽量遵循以下细节：

(1) 使用对方的语言与思维模式

不同部门、不同个体间的合作往往会出现差错，原因就在于语言模式不同。所以，在写邮件的时候，你应该多使用对方的语言，对方若是技术部门，你便应将自己的需求变成技术语言。

(2) 多用点，少用面

一封明确的邮件应按不同的要点叙述，言简意赅，且点与点之间不存在重复。

更出色的邮件，则将复杂的事情分成几个大块，每个大块下分几个不同的小点，并按紧急性、重要程度进行排序，将万万不可遗漏的点用特殊的颜色标注出来，使整封邮件层次分明。

(3) 多用事实，少讲道理

如果你与交流方存在分歧的话，最好的方法是平静、有序地用事实证明自己的观点，那种只指责、只讲道理的邮件往往会引发他人的反感。

6. 不要轻易抄送给一堆人

如果你向一群人同时发送邮件，那么每一个收件人都应该与这封邮件所谈的事情相关，以避免收件人莫名其妙，不知道该做些什么或者说些什么。收到不相关但对大局很重要的邮件对大多数人来说，是一种困惑。

最忌讳的做法是，当你与他人的邮件讨论陷入僵局，将部门或公司的管理者加入邮件。这样的做法不仅会让你们的讨论进程变得更加艰难，还会让管理者措手不及。

除以上内容，你还需要将一些细节做到极致。比如，用对“得”“地”

“的”，不要写错别字，标点符号应准确运用，等等。做到这些，将会对你的个人形象有极大的帮助。

手机里的礼仪

索尼亚是一个热爱自拍的女孩，进入职场后，她对这一爱好非但没有消减，反而因为公司常常举办不同的活动而变得越来越沉迷。

在一次公司内部聚会上，索尼亚拍摄了几张其他员工的照片，并传到自己的脸书上。没有想到，第二天便有同事找来，强烈谴责她没有经过自己同意便将照片传到网上。那位同事是一位生活严谨的男性，而索尼亚拍摄的照片因为错位效果，让人误会他在与一位女同事调情，这让他非常恼火。

虽然事后索尼亚再三道歉，但对方依然怒气难消。

随着智能手机不断的普及和其功能的多元化发展，人们无时无刻不在使用智能手机。但也因为满脑子专注在手机上，我们常常会因为忽视身边的事物而对他人造成困扰。在哈佛经理的礼仪指南中，明确地指明了手机礼仪的重要性：最微小的地方往往会带来最严重的形象伤害，在手机的使用过程中，充分地展示了你是否尊重他人、是否注重自身的商务形象。

Online College 是美国一家著名的调查公司，哈佛大学曾经借用他们的调查数据证实，过去几年间，手机用户的失礼行为非常严重——在所有商务人士中，有 15% 的人会在不恰当的时候接听电话，有 50% 以上的商务人士承认在手机上有过失礼的行为。

如何让手机给自己加分而不是减分？在这个问题上，你需要借鉴以下几个内容。

1. 将手机放在别人看不到的地方

在一切商务场合，手机都没有出现的必要。所以，不管你的手机款式有多么新颖，都要将它放在合乎礼仪的地方，不要随意拿在手中或者挂在上衣的口袋里。

以下几个地方，是放置手机的正确位置。

* 随身携带的公文包，这是最正规的位置；
* 外套的内袋里，而且外套要足够宽大，不可以显现出手机的形状；
* 不起眼的地方，如背后口袋里。

手机不应放在桌子上，特别是在面对客户时，你更应将它放在不会引起他人注意的地方。

2. 让你的手机更有礼貌的八个小提示

在使用手机时，注意到这八个小提示，将能够最大限度地提升你的商务形象。

(1) 最好将手机调为震动

不管你的手机铃声有多么好听，在商务场合最好都将模式调为震动，这样可以最大限度地避免原本安静的场合突然有手机铃声响起的尴尬。

(2) 在与人交谈时，别偷偷关注手机

若有重要的讯息或者电话，你应大方地告知对方。一直偷偷摸摸地查看手机，会让人产生“他不尊重我”的想法。

(3) 与人在一起时，先请求对方允许你接电话

在与他人在一起交流时，如果有必须要接的电话，你应先向对方提

出请求："不好意思，您方便让我先接个电话吗？"待别人允许后再接电话，这本身就是一种尊重。

(4) 不要在厕所里讲电话

这是非常严重的问题，你或许会认为，对方并不知道你在哪里，但是，为了保险起见，还是选择在更安全、更适合的环境中接听电话吧！

(5) 经过他人同意再处理照片

在拍摄、标记或分享照片时，你应事先取得相关人士的同意，因为并非所有人都喜欢将自己的照片放在网络上。

(6) 过度沉溺于手机

在会议上，在同事聚餐甚至空闲时，同事想与你聊天，你却在拿着手机玩，这样的行为只会让他人感觉自己被忽视，并就此不想再与你进行沟通。

(7) 在封闭的公共空间讲私人电话

若非必要，请不要在封闭的公共空间讲私人电话，如大厅式的办公室。这样做不仅能够避免他人探知你的私生活，也能够避免因为过度关注私人领域而惹人非议。

(8) 在公共空间接电话时，请不要要求他人降低音量

不管愿不愿意，你都要正视这样的事实：公共空间不是你自己的。如果你期望保持私人通话的权益与质量，应找一个更适合的安静场合，而不是强硬地要求他人为了配合你而安静下来。

3. 必要的时候，请关掉手机

在以下三个时刻，你最好关掉自己的手机。

* 参加会议时；
* 在餐桌上时；

* 与他人进行事件的商议时。

如果你正在等待重要的电话，最起码也要将电话调至震动状态，这样既显示出你对他人的尊重，又不会将发言者的思路打断，或者因为铃声的响起而影响到他人的食欲。

4. 发短信、打电话时要考虑对方是否方便回复或接听

在给客户、同事发短信、打电话时，如果你知道对方身居要职或者工作繁忙，你应首先考虑，在这个时间段里，他是否有空。同时，要有对方不回复、不方便接听的准备。

在给对方打电话时，你应从听筒中的回音来判断对方所处的环境，在有了初步的甄别后，再确定对方是否能够顺利地与你通话。

但是，不管在什么情况下，是否能够通话还是应由对方来决定，最好先问对方一句："现在通话方便吗？"若你感觉一两句话无法解决问题，通常在电话刚刚拨通时就要先询问对方。

在必须请对方回复短信时，你也可以在短信后面加上一句："若当下不便，请在闲暇时回复，好吗？"

5. 正确发送短信

商务人士在发送短信时最好遵守以下礼仪。

(1) 注意称呼与署名

一般情况下，熟悉的客户、同事间发送信息是不需要写称呼或者落款的。但是，如果要给初次相识的人或者并不熟悉的人发信息，应加上称呼、落款，这样对方会更清楚信息是谁发来的。比如："吉姆先生：您好，您在我们公司预订的商品已经到货，请在有空时来取。××公司职员琳达。"

(2) 表达清楚，有针对性

短信的写作虽然并不讲究写法、结构，但是为了方便对方的阅读，在短信发送以前，也应从阅读者的角度考虑，事先针对自己思考的事情来发送相应的内容，尽量将需告知的事项在两条信息以内表述清楚。

(3) 不发送与商务无关的短信

有些人习惯向客户转发一些幽默、祝福类短信，但是此类信息水平参差不齐，若短信水平不高，还会使人联想到你的水平也不高，而且有垃圾短信之嫌，所以最好不要乱转发。

如果你与对方的关系并不远，请不要选择以短信代替当面对话。科技再发达，我们依然需要真实的沟通与交流，更多地采用真实的行动而非科技手段解决问题，将会使你在他人的心目中变得更亲切、更真实。

视频会议中的礼仪问题

由于每一次出差都会耗费大量金钱与时间，公司决定尝试视频会议这一新交流方式。

在首次视频会议上，各地与会者简直有些崩溃。加比从来没有想到，那件横条纹的衬衫竟然让自己看起来像是肿了一样，以致其他地区的经理打趣他是不是进行了增肥运动；丹尼那件不太合身的西装外套的领子简直快要到他的耳朵下面了；一向重视公众形象的莉莉更是不断地责备自己的不谨慎，视频中她那件花色有些繁杂的衬衫总是出现图像模糊的问题，其间她还因为断线让大家等了好一会儿。

会后，大家都承认，这是一次失败的视频会议，而公司也因此立下新规定：各地区应积极学习视频会议的相关知识，下一次召开会议时，所有与会者都要以专业的形象出现在同事面前。

视频会议训练早已成为哈佛商学院学子必须接受的学习内容，他们在多次的虚拟视频会议中组织企业谈判、模拟商务交流，为的就是让自己在这个视频会议日渐成为必需品的网络时代里避免出现案例中的尴尬局面。

担任视频会议形象指导的爱兰·菲尔顿认为，事前了解一些视频会议必需礼仪，对于维护良好的个人商务形象有着积极的帮助："在视频会议的即时图像传输中，你的形象不是好就是坏。如果在参与视频会议前，有人好意地劝说你去换件素色的衣服或者补一下妆的话，按他的话去做吧！这不是虚荣的表现，而是为了你的专业形象着想。"

在菲尔顿看来，在参与视频会议前，你必须确认五件事情。

1. 留出几分钟时间做好准备

虽然视频会议的连线过程要比传统会议快很多，但是预留出几分钟的时间来为会议做一些准备是非常有必要的。所以，不管是参与集中视频会议，还是在办公室单独参与视频会议，你都需要提前几分钟坐在那里，并将设备调整好。

2. 摄像机前的颜色搭配

视频会议室应该首选有白色暖光灯的房间，否则，在光线不足的情况下，摄像头的对焦便会出现问题，使整个视频会议的效果受到影响。会议室的整体背景应干净、整洁，不应选择有复杂花纹、繁杂纹路的房间。会议桌最好选择不反光的暗色桌面，避免引发摄像头的眩光问题。

最应该避免的是红色的背景——这种背景会让视频另一方的人很难看清你所在的现场。

视频会议中，颜色搭配也应分明，中性的海蓝、灰色、蓝色与绿色的效果都不错，但是要避免黑加白以及细条纹。如果你要参与网络会议，最好不要穿红色、条纹状的衣服，它们都会引起反光，使人看不清楚你在做什么。

虽然视频会议很有可能突然召开，但是如果有机会提前进行准备，你应尽量穿着纯色的衣服——颜色过于繁杂的衣服不利于视频的压缩、传输，如果召开会议地点的网速不理想，它有可能使你的行动变得迟缓起来。

3. 摄像头前的坐姿

有些人在坐下来时，衣服会堆成一团，在摄像头里，往往会给人留下邋遢、胖的印象，因此应尽量选择有质感的服装。

坐姿也会影响服装的展示效果。坐着的时候，应该靠着椅背坐好，将上衣的后襟拉直，这样可以避免上衣在肩部、脖子等部位起皱。

此外，你要时刻注意，不要让自己的外套领口立起，尽量让它保持贴身而舒适。

4. 注意你的麦克风

在视频会议中，麦克风是必不可少的工具。在使用麦克风时，你也要谨慎。

(1) 不讲话时关闭麦克风

请记住：在不说话的时候，将你的麦克风关闭。在视频会议上，麦克风往往是提前预装好的，基本上每个人都有一个麦克风，所以回音一类的杂音极有可能会发生。因此，在不发言、不讲话的时候，一定要保证自己的麦克风处于关闭状态。

(2) 去除有可能出现的杂音

会议中的杂音不仅会使你显得不专业，而且会影响到整个会议的进程。哈佛学子皮尔思·卢卡斯如今在一家电台担任管理者，同时负责整个公司员工的媒体技能培训。在他的培训清单上，便有一份有可能从麦克风中传出去的杂音清单。

* 金属纽扣与桌面的碰撞声；
* 纸张拍打桌子的声音与纸张翻动的哗啦声；
* 手表的嘀嗒声；
* 手指叩击桌子的声音；
* 手突然抓到麦克风的噪声；
* 空调的嗡嗡声；
* 同事的插话声。

在视频会议开始以前，你应尽量将这些东西去除或者注意相关的事项。

你很有可能会期望针对某个话题发表自己的观点，但是抢麦往往会造成会议杂乱。所以，你应尽量遵照相关的会议提示，实现真正意义上的轮流发言。

5. 平日里多加练习

若你的工作经常需要参与视频会议，而你恰恰是一位新手的话，可以尝试着坐在有大镜子的化妆台前演习几次。在熟悉以后，再在网络上着正装与朋友视频对话——虽然看起来有些怪，但这对培养你良好的镜头形象有着极大的帮助。

你有可能因为工作性质的需要与各地的管理者经常性地召开网络视频会议，视频会议打破了人们开会时必须面对面坐在一起的局限，但它并没有免去人们在镜头面前必需的强有力的个人表现技巧和铿锵有力的语言。

不管你的技术才能有多么出色，都弥补不了你在语言技能上的缺陷。在视频会议中，你依然需要表达自我见解与意见，而且因为视频会议的交流并不是面对面式的，清晰、明确的口头表达就变得格外重要。所以，你必须通过平日多方面的锻炼来训练自己出色的语言表达能力，并以此塑造自己专业的商务形象。

Tips：爱惜你的电脑，体现你的修养

电脑早已成为商务场合中必不可少的工具，随着电脑的普及，我们的工作变得越来越高效，因此而生的职场礼仪也日渐增多。不过，你很有可能并没有发现，电脑是展示自我修养的最好途径。

1. 爱护它

在公司所使用的电脑虽然并非个人物品，但是你也要加倍地爱护它，平日里要勤擦拭。

在擦拭时，不要为了干净，用湿抹布一擦了之，这样会损害屏幕。平日不用时要正常关机，暂时离开时应关闭屏幕，不要丢下就走。

2. 更合理地使用插件

在公司的电脑上外接插件时，应正常地退出，避免随意插拔造成数据丢失、电脑崩溃等故障。此外，在使用 U 盘、外接硬盘一类的东西时，应尽量公物公用，不要将公司的资料随意拷贝。

3. 专注于公事

在公司上班时，你应尽量将电脑用在公事上，不要凭自己的兴趣随意使用。利用公司电脑玩游戏、随意浏览网页更是不可取。

4. 有问题时及时请专业人员维修

有些人的电脑技术不佳，但是在电脑出现问题时却惯于自己维修。在处理电脑问题时，你要充分地考虑到自己的能力。对于那些自己无力解决的问题，及早请专业人员进行修理，才能杜绝更大的事故出现。

在使用公司电脑时，你应谨记这样的原则：在公司，细节无小事。小心而细心地对待公司电脑，你才能够避免因为电脑使用引发的负面评价。

图书在版编目（CIP）数据

哈佛社交礼仪课/刘丽娜著．—4 版．—北京：中国法制出版社，2020.6

ISBN 978－7－5216－1022－2

Ⅰ．①哈…　Ⅱ．①刘…　Ⅲ．①心理交往－礼仪－通俗读物　Ⅳ．①C912.11－49

中国版本图书馆 CIP 数据核字（2020）第 066802 号

策划编辑：陈晓冉　　责任编辑：陈晓冉　冯　运　　封面设计：周黎明

哈佛社交礼仪课

HAFO SHEJIAO LIYIKE

著者/刘丽娜

经销/新华书店

印刷/河北鑫兆源印刷有限公司

开本/710 毫米×1000 毫米　16 开　　印张/12.5　字数/240 千

版次/2020 年 6 月第 4 版　　2020 年 6 月第 1 次印刷

中国法制出版社出版

书号 ISBN 978－7－5216－1022－2　　定价：39.80 元

北京西单横二条 2 号

邮政编码 100031　　传真：010－66031119

网址：http：//www.zgfzs.com　　**编辑部电话：010－66054911**

市场营销部电话：010－66033393　　**邮购部电话：010－66033288**

（如有印装质量问题，请与本社印务部联系调换。电话：010－66032926）